心とからだが癒される江戸のスローフード

お江戸ごはんの献立帖

心とからだが癒される
江戸のスローフード

お江戸ごはんの献立帖

Contents

P4・5の画像『東京美女ぞろひ　柳橋きんし』『江戸自慢三十六興』『雪見八景　晴嵐』『猿若街顔見せ』『五大力恋緘　薩摩源五兵衛・笹野三五兵衛・桜屋の小まん・まハし方弥助』

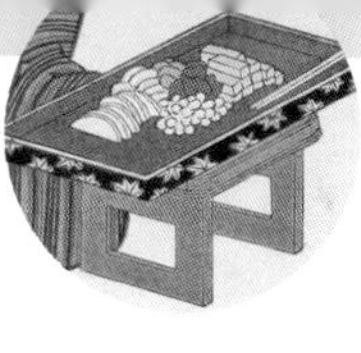

今こそ暮らしに取り入れたい

日本のスローフード
江戸ごはんのすすめ

スローフードという言葉があります。
ファストフードに対する言葉として使われることもありますが、
時間をかけてゆっくり食事するというだけではなく、
環境にやさしく、おいしく健康的な食生活という意味も含まれています。
疲れたり、元気がでない時。
毎日のちょっとした食事を楽しみながら、変えてみませんか。
かんたんでおいしい江戸時代の献立には、
手頃な食材でからだにやさしい料理が揃っています。
シンプルな食事でも、ゆったりと丁寧に作り、
味わっていただくことで、食事は心とからだに染み入り、五感を整えてくれます。

さあ、さっそく今夜から、
明日から。
きっと気分が穏やかに、
華やいでくるはずです。

旬

季節の食材で自然の恵みをたっぷり取り入れる

冷蔵庫や冷凍庫などなかった江戸時代は、自然と旬の食材を使い、調理していました。旬の食材はほかの時期より栄養価が高いうえ、夏にはからだを冷やし、冬にはからだを温めるといった、その季節に必要な効果ももたらしてくれます。もちろんうまみも豊富で、たくさん出回ることから価格も下がってお財布にもやさしく、いいこと尽くめ！季節を問わず何でも手に入る現代こそ、あらためて、旬の食材を意識してみませんか。

地産地消

地元産の食材を食卓に取り入れてみる

江戸時代は、食材の産地と消費地が近く、今でいう地産地消は当たり前でした。最近はスーパーでも地産地消のコーナーも見かけるようになりましたが、地元でとれた食材はやはり鮮度は抜群！

たとえば葉物野菜では、葉先までピンッとしたものと、葉がしおれたもの、どちらがおいしいかは一目瞭然です。輸送コストも割安なので、食材一つだけ、献立の一品だけでも、意識的に地元でとれたものを使ってみることを、ぜひおすすめします。

味付け

調味料を控えめにして食材本来の持ち味を楽しむ

江戸時代には醤油やみりんといった調味料が広く普及しましたが、特に砂糖などは現代に比べるとまだまだ高価。長屋暮らしの江戸っ子が好きなだけ使えるものではなかったため、味付けは最小限でした。

現代ではさまざまな調味料が充実していますが、時に素材の味より勝ることも。調味料をちょっとだけ控えれば、素材のうまみが感じられるはずです。

食のバランス

魚と野菜をしっかり取り入れたヘルシーな食事を心がける

原則、肉食が禁じられていた江戸時代。お肉の消費量は現代より少なく、日々のおかずの中心は魚と野菜。さらに油も高価だったため、最小限しか使いませんでした。もちろんお肉や油が悪いわけではありません。大切なのはバランス。偏りがちな食生活でメタボや生活習慣病のリスクが問題視される今、江戸時代の食生活は大いに参考になりそうです。

P 6～8の画像：『酒好』『時世花鳥風月』『「縞揃女弁慶」［安宅の松］』（部分）（東京都立中央図書館特別文庫室蔵）
『十二月ノ内　文月廿六夜待』

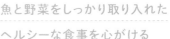

1章

疲れを癒す元気レシピ

疲れて元気がない時。
江戸の人たちも滋養強壮に
効く食材を使った料理を
作っていました。
当時は貴重だった卵、
疲労回復効果のある酢、
免疫力をアップする食材などを
取り入れて、
パワーチャージしましょう。

滋養強壮の代表格

卵と山芋で栄養をフルチャージ

玉《たま》子《ご》半《はん》辨《ぺん》

滋養強壮

山芋

©佐伯義勝

明和8年（1771）発行の料理本『卓袱《しっぽく》会席《かいせき》趣向帳《しゅこうちょう》』の一品。だしの効いた葛あんはやさしい味わいで、滋養強壮に効果があるといわれる山芋もたっぷりです。はんぺんという料理名から、柔らかいものをイメージしますが、これはしっかりとした固めの仕上がり。もう少し柔らかめにするなら、山芋の量を減らして調節を。

【材料】

- 山芋……正味100g
- 卵……4個（200g）
- 塩……小さじ1／6
- Ⓐ
  - だし汁……1カップ
  - 塩……小さじ1／6
  - 醤油……大さじ1／2
  - 酒……小さじ1
- Ⓑ
  - 葛（または片栗粉）……小さじ2
  - だし汁（または水）……大さじ2
- 根生姜汁……小さじ1

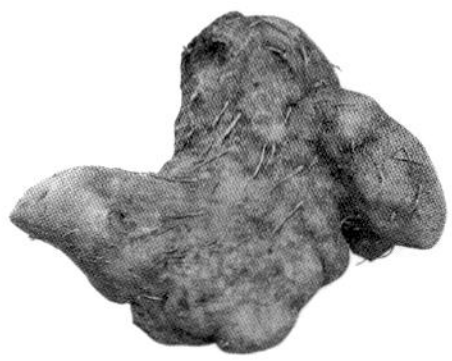

【作り方】

❶ 山芋をすりおろし、すり鉢でよくすり、割りほぐした卵を徐々に加え混ぜ、塩を入れて、蒸し茶碗に入れる。

❷ 蒸気のよく立った蒸し器に❶を入れ、最初の2〜3分は強火で、表面が白っぽくなってきたら火を弱め、10分くらい蒸す。

❸ 小鍋にⒶを入れ、煮たってきたら、かき混ぜながらⒷのだし汁で溶いた葛を徐々に加え、透きとおってきたら火を止め、蒸しあがった❷の上にかけ、さらに根生姜汁をかける。

日本原産のパワーフード・山芋で元気に

山芋は自然薯とも呼ばれる日本原産の野菜で、お米よりも古くから食べられていました。生でも加熱してもおいしく、滋養強壮をはじめ、咳、頻尿、腰痛などにも広く効用があるとされ、山芋の成分を使った漢方薬もあるほど。強力な消化酵素・アミラーゼも多いため胃にもやさしく、疲れて食欲がない時にも最適なパワーフードです。

江戸時代には、東海道沿いにある静岡県静岡市の丸子（鞠子）宿がとろろめしで有名。旅人はとろろめしで旅の疲れを吹き飛ばしたのでしょう。当時から続く店も現在しています。

『東海道五拾三次　鞠子』　歌川広重

ねぎで疲労回復し、ごまで抗酸化
ヘトヘトな日にからだに染みる一品

芝《し》蘭《らん》蔌《とう》乳《ふ》

ねぎ
疲労回復

ごま
肝機能改善

抗酸化パワーのあるごまと、ねぎとの組み合わせで疲れを吹き飛ばすレシピです。ねぎの血行促進作用は代謝を促すとともに、疲労物質の乳酸を分解してくれます。また、ごまに含まれるゴマリグナンという栄養素は肝機能の改善を促すため、疲れがたまっている人におすすめしたい一品。どちらも豊かな香りで、夜食にも最適です。

【材料】

豆腐……………2丁（600g）
大根……………100g
白ごま…………大さじ2
白味噌…………大さじ6
ねぎ（刻んだもの）……大さじ3
酒………………大さじ3

【作り方】

❶ 白ごまを煎り、すり鉢でよくする。白味噌を加え、ねぎの白茎部分のみじん切りを加えてすり混ぜる。酒を加えて混ぜて小鍋に移し、火にかけて練る。火を止める前に、ねぎの青茎部分のみじん切りを入れる。ぽってりと、マヨネーズよりやや固めに仕上げる。

❷ 豆腐を4〜5分、十分に温め、器に❶を敷き、その上に豆腐を置き、大根をおろしてトッピングする。

ねぎは、
青い部分と
白い部分を
刻んで、別々にして
おきましょう。

おかず

アンチエイジング効果も期待できる　ごま

ごまは、さまざまな栄養素が含まれることから「食べる丸薬」ともいわれるほど。それらの成分の中でも、特に最近注目されているのは「ゴマリグナン」という、ごまにしかない成分です。ゴマリグナンは、アンチエイジングにも効果があると注目されるポリフェノール系の物質で、抗酸化力はとても強く、他の抗酸化物質に比べて肝臓まで届いて機能を改善するといわれています。さらに、ごまの油分はコレステロールゼロ。すりおろして、まるごと元気成分をいただきましょう。

喉ごしも味わいも絶妙!
江戸っ子も大好きだった鯛グルメ

鯛《たい》の青淵《とろろ》汁《じる》

©佐伯義勝

江戸時代の料理本『鯛《たい》百《ひゃく》珍《ちん》料《りょう》理《り》秘《ひ》密箱《みつばこ》』に掲載されている鯛料理のレシピです。当時から鯛をいかにおいしくいただくかの工夫に、江戸っ子のグルメぶりがうかがえます。この料理のポイントは味噌。味噌が多いと山芋の香りが消えてしまいます。大切にしたいのは鯛のうまみなので、味噌は風味づけ程度が絶妙です。

【材料】

鯛……正味150g
酒……大さじ1
山芋……300g
だし汁……1カップ
味噌……大さじ1・5
こしょう……少々

【作り方】

❶ だし汁に味噌を溶いて味噌汁を作り、冷ましておく。
❷ 鯛の身を素焼きし、ほぐして、すり鉢ですり、酒を加えて山芋をすり入れる。
❸ ❷に❶を少しずつ加えてのばし、器に盛ってこしょうを添える。

芋は種類によって水分量と粘りが違うため、だしの分量で微調整してみてください。

こしょうの代わりに、青のりや細かく刻んだ生姜もよく合います。

高級魚として君臨した　鯛

祝膳にのぼる縁起のよい魚、鯛。既に江戸時代には数ある魚の中でもナンバーワンに位置づけられていました。当時、魚の格付けがあり、鯛はまさに高級魚。『鯛《たい》百《ひゃく》珍《ちん》料《りょう》理《り》秘《ひ》密箱《みつばこ》』という鯛料理だけのレシピ本が出るほど愛される魚でした。

それに対してふぐは下魚で、脂の多いマグロは好まれず、トロの部分はほとんど食べられることはなかったといいますから、現代人の評価とは少し違います。

『広重魚尽』歌川広重

卵の花を使う江戸の知恵が冴える
いわしのうまみが贅沢な味わい

鮓《すし》煮《に》

免疫力アップ
いわし

©佐伯義勝

敷き詰めたおからでいわしを重ね煮した料理です。いわしに含まれるDHA（ドコサヘキサエン酸）は、免疫機能を調整したりする働きをしてくれます。特に脳や神経の発達にも必要とされ、精神安定効果や眼精疲労の抑制効果などもあるといわれます。朝作ったら夕方まで、晩なら翌日まで馴染ませると、一段と深い味わいに。

【材料】

いわし……8〜10尾（正味800g）
Ⓐ水……5カップ
　塩……大さじ2
豆腐のおから……1kg
Ⓑ酒……1・5カップ
　醤油……2・5カップ
Ⓒ醤油……1／2カップ×2
新生姜……4本
塩……小さじ1／2

余った酢取り生姜は、合わせ酢（酢 大さじ3・水 大さじ1.5・塩 小さじ1／3・砂糖 小さじ1／2）に漬けておきましょう。1日経ったら取り出して、ぴったりとラップで包んで冷蔵保存がオススメです。

【作り方】

1 いわしは頭を落としてワタを出し、塩水（分量外）で洗って水気をきる。Ⓐを混ぜたなかにいわしを漬けて5分ほどおき、ザルにあげて水気を切る。
2 おからにⒷを加えてよく混ぜ、1／3を鍋に敷き、その上に1のいわし4〜5尾を、間隔を少し空けて並べる。その上におから1／3を乗せて平らにならし、残りのいわしを乗せ、さらに残りのおからを乗せて平らにならす。
3 2を火にかけ、煮立ってきたら弱火にし、1時間ほど静かに煮込む。途中でⒸのしょうゆを2回、1／2カップずつ加えて煮込む。火を止めてそのまま冷ます。
4 酢取り生姜を作る。ふきんで拭くか、皮をむいた新生姜を、酢少々(分量外)を落とした熱湯に4〜5分漬け、塩小さじ1／2をふり、団扇などで冷ます。
5 すっかり冷めた3を器に盛り、4を添える。

魔除けにも使われたいわし

大量にとれる手軽な魚として江戸時代から親しまれていたいわし。いわしの魚油は、蝋燭《ろうそく》や菜種《なたね》油よりも安く、行灯の火を灯す安価な燃料としても重宝されていました。いわしの頭の部分だけを焼き、柊の枝に指した「柊鰯《ひいらぎいわし》」というものが江戸時代にはありました。節分の日に軒下や玄関先に吊るす魔除けです。尖った物＝柊の葉、臭い物＝いわしという鬼が嫌うダブル攻撃というわけです。

おかず

©佐伯義勝

疲労回復

酢

身近な食材で手軽に作れる酢の物
彩りもよく、気持ちも晴れやかに

饗《あ》食《え》交《まぜ》

卵の黄色、大根の白に、きくらげの黒褐色が全体の色調を引き締めてすっきりとした酢の物です。酢の物というと、いかやエビなど主役となる材料が必要だと思いがちですが、この料理はそれぞれの味わいのハーモニーこそがメイン。三杯酢と生姜のさわやかさで疲れを吹き飛ばしましょう。

【材料】

Ⓐ
- 卵……1個（50g）
- 塩……少々
- サラダ油……少々

- 大根……200g

Ⓑ 塩……小さじ1／2

- きくらげ……3〜4個
- 三つ葉……20g
- 生姜……10g

Ⓒ
- 酢……大さじ1・5
- 醤油……小さじ2
- 塩……小さじ1／5
- 酒を煮切ったもの……大さじ3
- 砂糖……少々

【作り方】

❶ Ⓐで薄焼き卵を作り、千切りにする。大根は短冊切りにし、Ⓑの塩をふり、約10分おき、よくもみ込んでからよくしぼる。きくらげは水でもどして千切りする。三つ葉はサッと湯通しし、3センチの長さに切る。生姜は皮をむき、千切りよりさらに細く切り、10分ほど水（分量外）にさらして、水気をきる。生姜の天盛りにする分を少し取り分け、残りと、薄焼き卵、大根、きくらげ、三つ葉を混ぜる。

❷ Ⓒを混ぜ合わせて三杯酢を作り、1／3を❶に混ぜて下味をつける。器に盛り、残りの三杯酢を回しかける。取り分けておいた生姜を上にトッピングする。

酒を沸騰させ、アルコール分を飛ばした煮切酒は、常備しておくのがおすすめ。冷蔵保存で、2〜3日で使いきりましょう。

薄焼き卵は、温めたフライパンに油をひき、手早く均一に卵液を流し入れるのがコツ。まわりがしっかりしてきたら、箸先を静かに差し入れて返し、乾き気味になったら板の上に取ります。

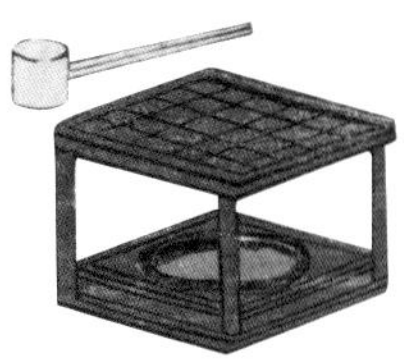

©佐伯義勝

抗酸化作用

エビ

エビのうまみを豆腐が包んだ
子どもも大好きなやさしい味わい

苗《え》蝦《び》菽《とう》乳《ふ》

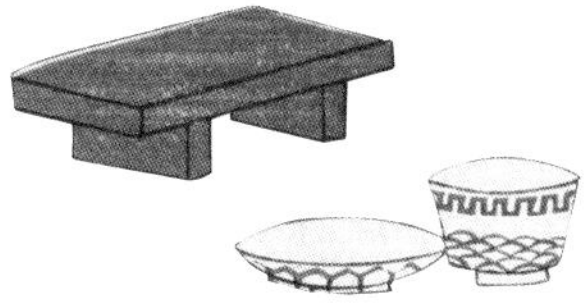

食卓に並ぶと華やぎ、思わずうれしい気分になるエビ。活性酸素を抑えるビタミンEが豊富な上に、アスタキチンサンという抗酸化力の高い成分、スタミナドリンクにも含まれるタウリンなど、疲労回復効果も抜群の食材です。調理の際は、エビも豆腐も細かくすりつぶしてしまわずに、少し粗目でエビの歯ざわりが残るようにするのがおすすめ。

【材料】

豆腐……1丁（300g）
エビ……10〜15尾（正味100g）
ねぎ……1／2本（30g）
大根……おろして50g
サラダ油……大さじ1・5
醤油……大さじ1
塩……小さじ1／6
粉山椒……少々

【作り方】

❶ エビは頭を取り、殻をむき、背わたを抜き、包丁で荒くたたく。豆腐は軽く水切りし、すり鉢でよくすり、エビを入れて混ぜ合わせる。
❷ 大根おろしは軽く水をきる。ねぎは小口切りにする。
❸ 鍋にサラダ油を入れ、❶を炒める。エビが色づき始めたら塩を加える。❷を加えてひと混ぜしたら、醤油を加えて火を止める。器に盛り、粉山椒をふる。

エビはどんな種類でもよいですが、芝エビが、一番味がよいようです。

豆腐の水切りは、300 gの豆腐が 240 gになる程度が目安。余分な水分が出ないうちに、強火で一気に仕上げるのがポイントです。

高たんぱく・低カロリーの代表格
鶏むね肉を江戸流のアレンジで!

もうりょう飯

疲労回復
鶏むね肉

鶏むね肉はもも肉と比べてもカロリーが低く、たんぱく質が豊富。さらに、何千キロも飛び続ける渡り鳥の研究から発見された、疲労感軽減成分のイミダペプチドが豊富な部位です。水溶性ですが、蒸し汁もいただくことで、栄養をあまさずとることができます。料理古書『黒《こく》白精《びゃくせい》味集《みしゅう》』掲載の煮物を、ごはんものにアレンジしたレシピです。

【材料】

鶏むね肉……1/3枚（約100g）
水……360cc
酒……180cc
大根……5センチ分
ごぼう……5センチ分
ごはん……2人分
生姜……適量
わさび……適量

【作り方】

❶鶏むね肉に水と酒を加えて弱火で酒蒸しにした後に取り出し、手で粗めにさく。大根は短冊切り、ごぼうはささがきにする。

❷❶の鶏の蒸し汁で、大根とごぼうをそれぞれ好みの固さに下煮する。

❸ごはんを器に盛り、鶏、大根、ごぼうを乗せ、❷の鶏の蒸し汁を注ぐ。おろした生姜とわさびを添える。

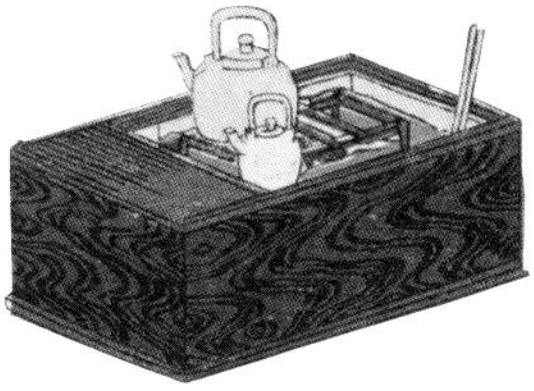

鶏肉を酒蒸しする時、弱火にすることで、しっとりと柔らかく仕上がります。

主食

実は江戸時代にも食べられていたお肉

江戸時代の食事というと、お肉がまったくないものを想像しがちですが、獣肉禁忌は5代将軍綱吉の時代をピークに、禁忌が緩和している時代もありました。江戸時代前期の料理書『料理物語』には「鳥の部」があり、鶏だけでなく野鳥のレシピが紹介されています。もっとも、お肉を食べることをはばかる傾向は、少なからずありました。市中にあった猪肉料理の店は「山くじら」という看板を出していました。直接的に獣肉とうたうことを避けていた証です。今も、江戸時代創業の店も残っています。

『名所江戸百景 びくにはし雪中』

味を煮含めたしじみのごはん
疲れ果てた日のオンリーワン飯

蜆《しじみ》肉飯《めし》

しじみ
疲労回復

©佐伯義勝

疲れをとるには肝臓を労わることが大切ですが、しじみに含まれるオルニチンは、まさに肝臓の働きを助ける成分。そのほか、疲労回復に効くタウリンや新陳代謝を促す亜鉛、鉄分も豊富なしじみが、サプリメントとしても注目されているのも納得です。ごはんにぴったりの鰹節と和えたこの料理、何品も作りたくない日には、これだけ食べて乗り切って。

【材料】

しじみ（殻付き）…800g（正味80g）
Ⓐ酒…大さじ2
Ⓑ醤油…大さじ1
　酒…大さじ1
削り節……2カップ（もんで大さじ2）
米…2カップ
水＋しじみの煮汁…2・4カップ

削り節がない時はパックの鰹節で代用して。その場合は大さじ2を用意しましょう。

【作り方】

❶ しじみはたっぷりの水（分量外）に浸して砂を吐かせて洗う。鍋に入れて、Ⓐの酒を加えて蓋をし、中火にかける。2〜3分後にしじみの口が開いてきたら火を止め、しじみの身を取り出し、煮汁を濾す。

❷ ❶の煮汁に水を加えて2・4カップに調整し、米を炊飯器で炊いておく。

❸ ❶のしじみの身を鍋に入れ、Ⓑを加えて煮からめる。削り節をから煎りして乾燥させ、冷ましてから、もんで細かくし、しじみを和える。

❹ 炊きあがった❷のごはんに❸を混ぜ合わせ、器に盛る。

主食

江戸っ子も楽しんだ潮干狩り

現在の東京湾は、江戸時代には江戸湾、江戸湊《みなと》と呼ばれ、ここでとれる魚介類はすべて江戸前産でした。現在でも海辺のレジャーとして親しまれている潮干狩りを庶民が楽しむようになったのは江戸時代です。晩春から初夏にかけて、早朝から弁当持参で出かけ、船着き場から沖へと帆掛け船に乗り、引き潮を待って浜に降り、小魚や貝類をとりました。品川や高輪界隈で女性や子どもが潮干狩りを満喫する様子は、浮世絵にも描かれています。

『江戸名所』
歌川重宣

©佐伯義勝

疲労回復

蕎麦・ねぎ

疲労回復と代謝を促す蕎麦

食欲のない時にも、サラリと

霙《みぞれ》蕎《そ》麦《ば》

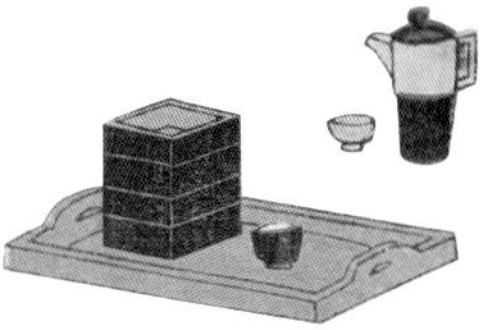

昔から日本人が親しんできた蕎麦。豆腐と大根おろしをかけた汁のないシンプルな料理です。蕎麦は、不足すると疲労や体力低下を招いてしまうビタミンB1、B2や、毛細血管を強化したり、すい臓機能を活性化するルチンという成分が豊富です。ルチンはビタミンCと一緒にとると効果的なので、大根おろしとねぎの組み合わせはとても理にかなっています。

【材料】

豆腐……2丁（600g）
だし汁……1カップ
醤油……大さじ3弱
乾蕎麦……120g
塩……小さじ1／5
ねぎ……1／2本
大根おろし……100g
わさび……適量

【作り方】

❶蕎麦をゆで、器に盛っておく。
❷ねぎを小口切にし、ザルに入れて流水にあててぬめりをとり、水気をしぼる。わさびはおろしておく。
❸鍋にだし汁を入れ、豆腐を手で崩しながら加え、塩、醤油で調味して、❶の上にかける。❷と大根おろしを添える。

ザルは、ステンレスやプラスチック製より、竹製のものがベスト。しっかりと水気を切れます。

実はタウリンが豊富!
たこを使った汁かけごはん

桜めし

疲労回復
たこ

©佐伯義勝

料理名は、薄切りのたこの切り口や、煮上がった色合いを桜の花びらに見立てて命名されたもの。古くはたこの足の煮物を桜煮、桜煎りと呼んでいたといいます。貝類に多いイメージが強いタウリンや、ビタミンEも含まれるたこは疲れた時の強い味方ですが、この風雅な名前にも心が和みそうです。

【材料】

たこ（ゆでたもの）……100〜150g
米……2カップ
水……2・4カップ
だし汁……3カップ
味噌……大さじ2弱

【作り方】

❶たこを小口に薄く切る。
❷炊飯器でごはんを炊き、炊きあがった直後に❶を加えて蒸らす。
❸だし汁を火にかけ、味噌を溶き入れ、ひと煮立ちさせる。
❹❷のごはんとたこをひと混ぜして器に盛り、❸をかける。

好みで唐辛子粉や木の芽などの薬味を添えて。

たこが刺身用でない場合、❶の段階で、酒少々を加えた熱湯でひと煮立ちさせておきましょう。

古くから日本人が愛する　たこ

強い抗酸化力を持つビタミンEや、肝臓に働きかけて解毒機能を高めるタウリンなどを含むたこは、疲労回復効果が高いことで知られています。たこを食べると元気が出ることを昔から日本人は知っていたようで、武将の饗応《きょうおう》料理にもたこはしばしば登場しています。あの豊臣秀吉も、織田信長の家臣時代にお歳暮でたこを送りました。江戸時代の食の本では、たこはゆでるか干すのがよいとされたようです。

江戸の食事情 ①

江戸半ばに始まった一日三食の食事スタイル

長屋暮らしの江戸っ子たちは大人ひとり一日五合を消費!?

現代のように、一般的な食事として一日三食が広まり始めたは、江戸中期の元禄時代（1688〜1704）からです。それ以前は、繁忙期の農民や職人など昼にも食事をとらないと体力的に厳しい人以外は、朝夕の二食でした。仕事をしない家庭の女性や子どもまで三食が定着したのは、江戸の人口が100万人を超えた寛政期《かんせい》（1789〜1801）ですから、80〜90年かけてゆっくり一日三食のスタイルが浸透していったと考えられます。

江戸っ子の多くは江戸版共同住宅のような長屋暮らしでした。

共同の井戸から水を汲み、朝からその日一日分の飯をかまどで炊きました。あつあつごはんは朝だけで、昼、夜はお櫃《ひつ》に入れた冷や飯を食べました。

ちなみに上方は昼に炊き、夕と朝が冷や飯でした。

驚くのは米の量です。

当時は一日に大人ひとりで五合程度の米を食べたといわれています。少ないおかずで何杯もごはんを食べたわけです。江戸では白米が四代将軍家綱《いえつな》の時代から出回り、長屋の住人たちも白米を食べていました。

おかずといえば、長屋の路地まで天秤棒を担いだ棒手振《ぼてふ》り（行商）が、味噌汁の具のしじみやあさり、納豆や豆腐を売り歩きにやってきたので、おかみさんたちもまとめ買いの必要なし。熱い味噌汁とごはんに納豆の一汁一菜に、漬物でも添えられていれば文句なしでした。

ごはんメインの一汁一菜の食事
母親が子どもに食事を食べさせている。茶椀、汁椀、食膳ともに漆器であることから、それなりの生活水準の家庭といえる。母親の後ろにはお櫃も見える
『幼童諸芸教草』

2章

からだを整える やすらぎレシピ

ストレスを感じたり、
なんとなく調子がでない時。
メンテナンスを
求めている心とからだを
整えてあげたいもの。
胃腸にやさしい味噌や大根、
ぞうすいなど、
ほっとする一品を、
毎日の食卓にどうぞ。

味噌と豆腐のダブル大豆で
健康と美容を積極的にメンテナンス

ぐつ煮とうふ

豆腐・味噌
女性ホルモン効果

味噌
整腸作用

©佐伯義勝

温めた豆腐をなめらかな味噌だれでゆっくりと煮た料理。ローカロリーで食物繊維たっぷりです。豆腐も味噌も原料は大豆で、豆腐はコレステロールを抑制するリノール酸、女性ホルモンに効果のあるイソフラボンなど、からだの健康を維持してくれるさまざまな効用が解明されています。味噌も血流によいサポニンやビタミンも豊富です。

【材料】

豆腐……2丁（600g）

Ⓐ
水……5カップ
塩……小さじ1／2

西京味噌……120g
赤味噌……40g

Ⓑ
酒……1カップ
水……2カップ

粉山椒……少々

【作り方】

❶ Ⓐを入れた鍋に豆腐を半丁に切って入れ、火にかける。沸騰しない程度で4～5分温めておく。

❷ 別の鍋で西京味噌と赤味噌を混ぜ合わせ、Ⓑの酒と水を少しずつ溶き入れた後、中火で練る。

❸ ❶の豆腐を取り出し、ふきんなどの上で水気をきってから、❷の中に入れ、弱火で10分ほど煮込み、豆腐だけを器に盛る。

❹ ❸の残った味噌を火にかけてさらに練り、トロリとさせてから豆腐の上にかけ、粉山椒をふる。

味噌は
どんなにゆるくても
焦げつきやすいため、
煮すぎないように火加減に
気をつけて。
具の豆腐が味噌で
隠れるくらいの小さめの
鍋がおすすめです。

おかず

西京味噌、赤味噌の違いとは

日本には産地や原料、熟成期間によってさまざまな種類の味噌があります。赤味噌は熟成期間が長く、コクがあるのが特徴。同じ赤味噌でも仙台味噌など米を原料にしたものと、豆を原料にした中京エリアの豆味噌などがあります。一方、京都発祥の西京味噌は、短期熟成で、麹《こうじ》を糖化《とうか》させた自然な甘みのある白味噌。種類の違う味噌を合わせたベースを使った料理は、江戸時代の料理本にも多く登場します。日本人は昔から、繊細な味噌の味わいを楽しんでいたのですね。

©佐伯義勝

貧血、便秘改善

切り干し大根

手軽な乾物で、からだを整える

常備したいサイドメニュー

大《だい》こんさんちやう醤《あえ》

乾物の中でも自然な甘みとうまみがある切り干し大根。生の大根に比べ、カルシウムや鉄分、不溶性食物繊維はいずれも20倍以上といわれます。貧血や便秘改善も期待できる、女性にうれしいサイドメニューです。切り干し大根に味がなじむとさらにおいしくなるので、作り置きにも最適。材料を大根にアレンジすれば、歯ごたえの違いが楽しめます。

【材料】

切り干し大根…50g（戻して150g）
白ごま……大さじ1
赤味噌……大さじ1
酒……大さじ2～3
わさび……小さじ1／2＋お好みの分量

【作り方】

❶ 切り干し大根は水に10分ほど漬けて戻し、熱湯にサッと通してザルにあけ、そのまま冷まし、2センチの長さに切っておく。
❷ 白ごまを煎ってすり、赤味噌、酒を混ぜ合わせ、❶に和えて、なじませておく。
❸ 器に盛る直前にわさびをすり、❷に混ぜ合わせて盛り付ける。お好みでさらにわさびを添える。

わさびは生のものがおすすめです。

切り干し大根を熱湯に通すのは水切りするため。ゆでると味が抜けてしまいます。

おかず

ビタミン、ミネラル、食物繊維…
“なんとなく不調”を整えるだしの椀

小もんとうふ

©佐伯義勝

海の恵みを凝縮したのりには、視力低下や皮膚、髪のぱさつきを防ぐビタミンAをはじめ、12種類ものビタミンが含まれています。コレステロールの低下に効果があるEPAやタウリン、がん予防にも注目されるβカロテンなども豊富なスーパーフードといえるのり。老若男女を問わず、からだに不足した成分を補うにはぴったりの手軽な一品です。

【材料】

豆腐……1丁
塩……ひとつまみ
浅草のり……1枚
Ⓐ 水……3カップ
　 塩……小さじ1／3
だし汁……2カップ
Ⓑ 塩……小さじ1／3
　 醤油……小さじ1・5
　 みりん……小さじ1
Ⓒ 片栗粉……大さじ1・5
　 水……大さじ3
とき辛子……適量

【作り方】

❶ 豆腐を水切りし、塩ひとつまみを入れて、すり鉢でよくすする。
❷ のりを手早くあぶり、細かくし、❶に少しずつ振り込んで混ぜ、1／4の量をふきんで茶巾に絞り、ひもでくくる。これを4個作り、Ⓐの塩を入れた湯で4〜5分ゆでる。取り出してふきんを外し、熱いうちに椀に盛る。
❸ だし汁にⒷを加えて、Ⓒの水溶き片栗粉でとろみをつけて、❷に注ぎ、とき辛子を落とす。

もみのりを豆腐に混ぜる時は、細かさを整えるのがポイント。あぶった後に少し冷ましてからビニール袋に入れてもむと簡単です。

江戸時代に始まった　浅草のり

日本人は縄文時代からのりを食べてきた民族。庶民に浸透したのは江戸時代だといわれていますが、当時「浅草のり」は高級品でした。江戸時代に当時の隅田川の河口でとれたからなど、名のゆらいは諸説あるものの、浅草のりは江戸の名産として現代にも引き継がれています。浮世絵では品川の遊女が火鉢で乾のりをあぶっています。これから一杯やるようです。

『江戸自慢三十六興』

腸内環境の改善と粘膜の保護
2つのきのこで風邪予防も期待！

骨《こっ》菫《とう》飯《めし》

整腸作用
えのき茸

免疫力アップ
なめこ

比較的、
通年入手しやすい
あさつきを
使用しましたが、
春ならせりでも
おいしく
いただけます。

ヘルシー食材の代表格であるきのこをごはんに乗せて、お吸い物味のかけ汁でいただきます。食物繊維は整腸作用があるので、便秘の解消や美肌効果も期待できます。
また、なめこのヌメリの部分に含まれるムチンは、粘膜を保護。免疫力の低下やドライアイが気になる時に試してみては。料理名の「骨董」は寄せ集めのごちゃごちゃしたものの意味。江戸時代には「骨董飯《ごもくめし》」と読むこともありました。

【材料】

- えのき茸……大さじ2
- なめこ……大さじ2
- あさつき……2本
- 一味唐辛子……少々
- だし汁……1カップ
- 塩……小さじ1／5
- 醤油……少々
- ごはん……1人分

【作り方】

1. えのき茸、なめこは1センチ程度の長さに切り、熱湯にさっと通して水気を切る。あさつきも1センチ程度の長さに切る。
2. だし汁に塩と醤油を加えて温める。
3. ごはんを器に盛り、1を乗せ、2をかけ、一味唐辛子をふる。

かけ汁は
醤油を数滴加えながら
味を確認し、少し醤油の
味を意識して仕上げると、
きのこの風味が
引き立ちます。

主食

ねぎの歯ごたえと甘みが絶妙！
サッと作れるかんたんレシピ

葱《ねぎ》南《なん》蛮《ばん》飯《めし》

ねぎ
殺菌作用

ねぎの辛みの元は硫化アリルという成分。殺菌作用や抗菌作用、からだを温める作用もあるので、古くから伝わる、ねぎが風邪にきくというイメージも、実は理にかなったものです。今回はねぎの白い部分だけ使いましたが、皮膚や粘膜の抵抗力を高めてくれるβカロテンも含まれる青い部分もぜひ使ってみて。

【材料】
ねぎ（青い部分と白い部分合わせて）……1／2本
大根おろし……大さじ1
酒……大さじ2
醤油……大さじ1
ごはん……1人分

ねぎの白い部分だけ使う場合は、1本で1人分になります。

【作り方】
1. ねぎは4～5センチの長さに切り、縦に四つ切りにする。
2. 鍋に油（分量外）をひいてねぎをさっと炒め、酒をふり入れ、さらに火を強めて醤油を加えてからめる。ねぎがクタっとにならないうちに火を止める。
3. ごはんを器に盛って2を乗せ、その上に大根おろしを乗せる。

ねぎを炒める時は強火で一気に仕上げると、ねぎの歯ごたえを楽しめます。

ねぎは1本まるごと調理を

ねぎには独特の香りと辛味成分がありますが、これが疲労回復や血行を促進してからだを温めたり、殺菌作用、免疫力をアップしたりと、さまざまな効果の源になっています。また、ねぎの青い部分はβカロテンやカルシウムなども豊富。まるごと栄養をいただきましょう。

ほっくりと煮た黒豆とごはん
冷えやむくみに最適なお茶漬け

ほたるめし

抗酸化作用
黒豆

©佐伯義勝

お正月料理に欠かせない黒豆は、近年さまざまな健康効果が注目され、黒豆茶も人気です。黒豆に含まれる天然色素のアントシアニンは、抗酸化作用に優れ、血流の改善や血圧の抑制、アンチエイジングなどが期待できます。熱にも強いため、お茶漬けであますことなく栄養成分を取り入れれば、からだも温まり、女性にはうれしいことばかりです。

【材料】

黒豆（乾豆）……1／4カップ（40g）
Ⓐ水……2カップ
米……2カップ
Ⓑ水……2・4カップ
塩……小さじ1
煎茶……適量

煎茶は好みのお茶でよいのですが、江戸時代のレシピ『名飯《めいはん》部《ぶ》類《るい》』には、「極上の信楽煎茶」を使用するとあります。

【作り方】

❶ 黒豆はⒶの水に1晩浸しておき、そのまま火にかけて、好みの柔らかさになるまで煮る。
❷ Ⓑの水で、炊く直前に塩を加えて、炊飯器で米を炊く。炊きあがった直後に❶を乗せて蒸らす。
❸ ❷のごはんと黒豆をザッと混ぜて器に盛り、煎茶をかける。

黒豆の煮汁は捨てずに、黒豆茶に

今回のレシピで黒豆を煮た煮汁は、捨てずにそのまま黒豆茶としていただくのが正解。煮た黒豆を鍋から取り出したら、アクは取らずにそのままザルなどで煮汁をこせば、黒豆茶が完成です。容器に入れて冷蔵庫に保存し、2日ほどで飲み切りましょう。

塩分過多、むくみ解消に
食物繊維もとれるダイエットの味方

茄《な》子《す》ざうすい

©佐伯義勝

なすに含まれるカリウムという成分は、むくみを解消する効果や高血圧予防に役立ちます。なすは約93％が水分のため、仮に100グラムを食べても、きゅうりやもやし程度のカロリー。食物繊維はきゅうりの2倍もあるため、ぞうすいに仕立てたこの料理なら腸内環境も整い、ダイエットにも最適です。味噌とだしでさっぱりいただけ、ボリューム感もあります。

【材料】

なす……中2個（正味140g）
だし汁……4カップ
味噌……大さじ2
ごはん……250g
七味唐辛子……少々

【作り方】

❶ごはんを水洗いし、ザルにあけて水をきっておく。
❷なすは1・5センチ角に切り、水に放ち、アクを取る。
❸だし汁を温めて味噌を溶き入れ、❷の水をきって加えて中火で2分ほど煮る。アクを取り、❶を入れて、煮立ったら火を弱めて3分ほど煮る。器に盛り、七味唐辛子をふる。

『成形図説 . 巻26』

初物好きの江戸っ子を魅了した野菜

一年中どんな食材でも手に入る現代からみれば、江戸時代の料理はすべて新鮮な旬の食材を使っていたといえますが、それに加えて江戸っ子には「初物七十五日」という思いがありました。初物をいただくと寿命が七十五日延びるというもので、人より早く初物を口にすることを粋とする風潮です。江戸近郊の農家も、栽培方法を工夫し、旬よりも早くとれる品種を次々と育て、需要に応えました。なすも現在の江東区北砂界隈で、促成栽培した「砂村茄子」が人気でした。そのほか、当時の植物図鑑にもさまざまな品種のなすが紹介されています。

©佐伯義勝

抗酸化作用、風邪予防

にら

冷え改善や抗酸化力が強いから　風邪気味の時のリカバリーに

韮《にら》ぞうすい

にらは独特の香りがあり、好みが分かれる野菜ですが、アリシンという抗酸化力の強い成分があり、滋養強壮効果も高く、漢方薬にも使われてきました。また、殺菌作用、風邪予防や免疫力を高めてくれる働きがあります。冬はもちろん、冷え対策や風邪予防にも、一年中上手に活用したいパワー野菜です。

【材料】

にら……………1／2わ（50g）
だし汁……………4カップ
味噌……………大さじ2
ごはん……………250g
唐辛子粉またはゆずなど
好みの薬味……………少々

にらは、ぞうすいが十分煮えてから加え、煮すぎないのがポイントです。

【作り方】

1. ごはんを水洗いし、ザルにあけて水をきっておく。
2. にらは2センチの長さに切っておく。
3. だし汁を温め、煮立ってきたらごはんを入れ、再び煮えてきたら火を弱めて4分ほど煮る。味噌を溶き入れ、にらを加え、ひと煮立ちさせて器に盛る。好みの薬味を添える。

主食

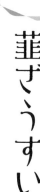

ねぎ

疲労回復、血行促進

葱《ねぎ》ぞうすい

ねぎはトロトロ派？しゃきしゃき派？　味噌とねぎの相性抜群ごはん

©佐伯義勝

ごはんは洗うとぬめりが取れ、さらりといただけますが、洗いすぎると味が抜けてしまうのでご注意。家庭ならば洗わずそのままでも十分です。

ねぎは殺菌作用、免疫力アップなどの効果があり、血行をよくしてからだを温めてくれます。またビタミンB1の吸収を助けるほか、疲労物質を分解するなど、メンテナンスには最適な野菜です。トロトロになるまで柔らかく煮るもよし、歯ごたえのある程度にするもよし。味噌の香りとともに、やさしくからだを労わってあげましょう。

【材料】

ねぎ……………………1本
酒…………………大さじ2
だし汁……………4カップ
赤味噌………大さじ1・5
白味噌…………大さじ1
ごはん……………250g
唐辛子粉………………少々

【作り方】

❶ ごはんを水洗いし、ザルにあけて水をきっておく。

❷ ねぎは1・5センチの長さに切り、鍋に入れて火にかけ、酒を加えてザッと炒りつける。

❸ ❷の鍋にだし汁を加え、温まってきたら味噌を溶き入れ、煮立ち始めたら❶を加える。もう一度煮えてきたら、アクをとり、火を弱めて3分ほど煮る。器に盛り、唐辛子粉を添える。

主食

江戸の食事情 2

100万人都市江戸の台所 魚河岸と市場

扱う食材ごとに市場が点在していた江戸の町

江戸は当時、世界的にみても屈指の大都市でした。パリやロンドン、北京よりも人口が多く、江戸中期には既に100万人都市に発展していました。そこには長屋暮らしの江戸庶民をはじめ、参勤交代制度で江戸に駐在している大名とその家臣、幕府と将軍に使える武家とさまざまな身分の人が暮らしていましたが、それらのすべての食を支えていたのが市場でした。

鮮魚における巨大市場は日本橋魚河岸。房総沖、三浦半島、伊豆諸島をはじめ、各地から水揚げされた鮮魚が集まってくるため、海産物の品数の多さには、あのオランダ人医師のシーボルトも仰天したほどです。

江戸湾に運ばれ、そこから隅田川の河口をのぼっていく漁船の出入りは、朝から晩まで止むことがなく、魚河岸の休みも元旦のみ。翌日二日には無数の提灯で飾りつけた船が初荷を下ろし、その賑わいは想像を絶する華やかさだったといいます。

魚河岸には小売りの行商人（棒手振《ぼてふ》り）から、将軍の膳にのぼる魚を買い付ける役人まで出入りし、江戸の大量消費を支えていたわけです。

野菜類の市場は「やっちゃば」と呼ばれていました。語源は一説によると競りの掛け声が「やっちゃ、やっちゃ」だったためとか。江戸の三大やっちゃばは、神田、千住、駒込でした。

一日で千両が飛び交った日本橋魚河岸

幕府御用達の市場として繁栄した日本橋魚河岸の賑わう様子。さまざまな海産物が売り買いされ、料亭も長屋に担ぎ売りをする棒手振りもみなここに仕入れに来た『日本橋魚市繁栄図』

3章

素材の味がしみる シンプルレシピ

豆腐のやさしい大豆の香り、
卵の濃厚なうまみ…。
さまざまな調味料が
あふれる現代の食事では、
なかなか素材本来の味を
感じることも
少ないのではないでしょうか。
シンプルだけど、
心が澄んでいくような味わいは
食べるだけで幸せになります。

おつまみにも、おかずにもなる!
定番にしたい絶妙な味わいの一品

小《お》竹《さ》葉《さ》とうふ

©佐伯義勝

焼き豆腐を大胆につかみ崩したものに、醤油と溶き卵を加えたシンプルな一品。それだけに焼き豆腐の香ばしさがおいしさのポイントです。押しをして水抜きした豆腐の表面を焼いて、ぜひ焼きたての豆腐で作ってみてください。市販の焼き豆腐を使用する場合でも、両面を少しあぶるとおいしさに差が出ます。

【材料】
焼き豆腐……1丁（300g）
醤油……大さじ1・5
卵……大2個（100g）
酒……大さじ1
粉山椒……少々

【作り方】
1. 鍋に焼き豆腐をつかんで崩しながら入れ、火にかける。酒を加えて、煮えてきたら醤油を加え、再び煮立ってきたら、溶き卵を鍋の中心から外側へ円を描くように注ぎ入れて蓋をし、ひと呼吸おいて火を止める。
2. 器に盛り、粉山椒をふる。

普段は
うなぎくらいにしか
使わない粉山椒ですが、
味の奥行きが
違ってくるので、
ぜひご用意を。

醤油だけの
味つけなので、
お好みで砂糖を加えて
しっかり甘辛に煮て、
酒の肴やお弁当のおかず、
ごはんの上に乗せて
丼飯にするなど、
いろいろアレンジ
できます。

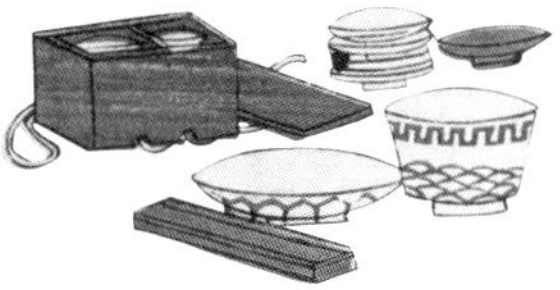

江戸後期に市民権を得た醤油

醤油は室町時代から作られていましたが、庶民の暮らしの中に登場したのは江戸の元禄期（1688 ～ 1704）頃からです。しかしまだ当時は上方産の醤油は高価。その後、小麦を使うことで地元産の醤油にも人気が出始め、庶民にも手が届くようになり、一気に醤油は普及しました。

江戸後期に出版された農業技術や商品作りに関する書物『広益国産考《こうえきこくさんこう》』の中に、大豆を炒るところから、できあがった醤油をくみ取るまでの醤油の作り方と、これを手作りした場合の記述があります。

『広益国産考 8巻』

ごま油のコクと、ジューシーな甘み！
大胆な調理に、大根の新たな魅力を発見

揚《あげ》出《だし》大《だい》こん

便秘解消、消化機能を整える
大根

©佐伯義勝

食物繊維が豊富で、煮る、漬ける、おろすなど、生食よし加熱よしと、幅広い調理に適した大根。そんな万能野菜の大根を、皮をむき、ごま油で香り豊かに揚げて、ボリューム満点なおかずに仕立てた料理です。揚げたてにジュッと醤油をかけ、ほくほくといただきましょう。

【材料】
大根（縦半割）……長さ7センチ×4個
揚げ油（ごま油）……適量
醤油……少々
大根おろし……100g
こしょうまたは唐辛子粉……少々

大根は拍子切りなどでもOK。揚げ油と揚げ時間の節約になります。

【作り方】
❶大根の皮をむき、長さ7センチ大にし、縦半分に割ったものを4個、大根おろし100gを用意しておく。
❷ごま油を175℃に熱し、❶の切った大根を静かに入れる。途中で裏返しながら、全体がきつね色になるまで約6分間揚げる。金串や竹串を刺してみて、中心部がまだ少し固い程度がよい。
❸揚げたてを器に盛り、醤油をかけ、大根おろしを上に置き、こしょうまたは唐辛子粉を乗せる。

油の温度を上げ過ぎると、早く色がつきすぎ、火が通るまでの時間はかえってかかってしまいます。大根の質、揚げ鍋の大きさ、油の量によっても違うので調整を。

おかず

江戸の地域野菜　練馬大根

江戸野菜のひとつとして江戸時代に誕生した練馬大根。練馬村の農民が作り始めたとされています。現在、大根といえば主流の青首大根にくらべて細長くて白いのが特徴。これは練馬界隈の地質によるものだとか。味そのものは青首大根と大きな差はありませんが、練馬大根は生食の場合は最初に甘み、後で辛味を感じるのが特徴です。

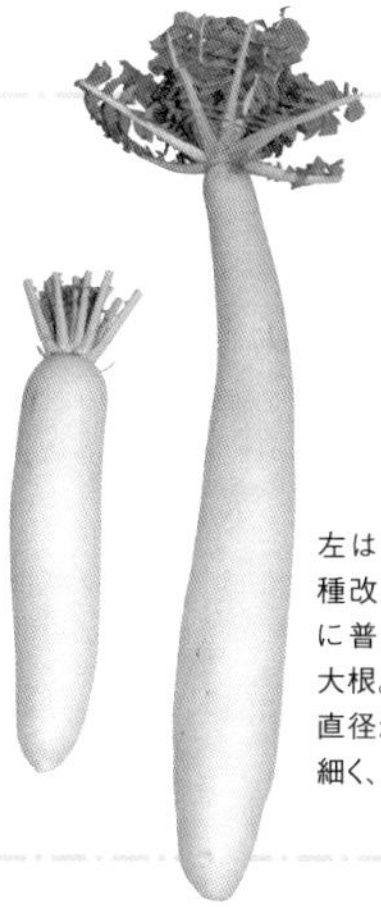

左は青首大根。品種改良によって全国に普及。右は練馬大根。葉のすぐ下の直径が青首大根より細く、くびれている

©佐伯義勝

血圧の上昇を抑える

味噌

冷めてもおいしい!

味噌の量と焼き方でアレンジも楽しい!

叩《たた》き豆腐

合わせ味噌を使った豆腐のおかずです。味噌にはカリウムという成分が含まれ、血圧の上昇を抑える働きをしてくれます。高血圧の人が塩分を気にして味噌を控えるのは少しもったいない話で、摂り過ぎなければ問題はありません。この料理では、味噌は減らし過ぎると味が締まらずおいしく感じられませんが、好みで分量を調節してもかまいません。

【材料】

焼き豆腐……1丁（300g）
赤味噌……大さじ1～1・5
西京味噌……大さじ1～1・5
小麦粉……適量
揚げ油……適量

【作り方】

❶焼き豆腐を包丁で荒くたたき、味噌を加えてザッと混ぜ合わせる。
❷直径3センチ、厚み1センチ程度に丸く整えて、小麦粉をまぶし、180～185℃の油で約1・5～2分揚げる。表面がカラッとした感じになったら取り出して、器に盛る。

形は平たい
だんご型以外にも、
少量しか作らない場合は
フライパンに油を
1センチくらい入れて
炒り焼きにすると、
ひと味違った料理のように
楽しめます。

©佐伯義勝

ホルモンバランスを整える

豆腐

滋養強壮

卵

ふんわりとした卵と豆腐が、
だし汁と相性抜群の鉄板レシピ

ふはふは豆腐

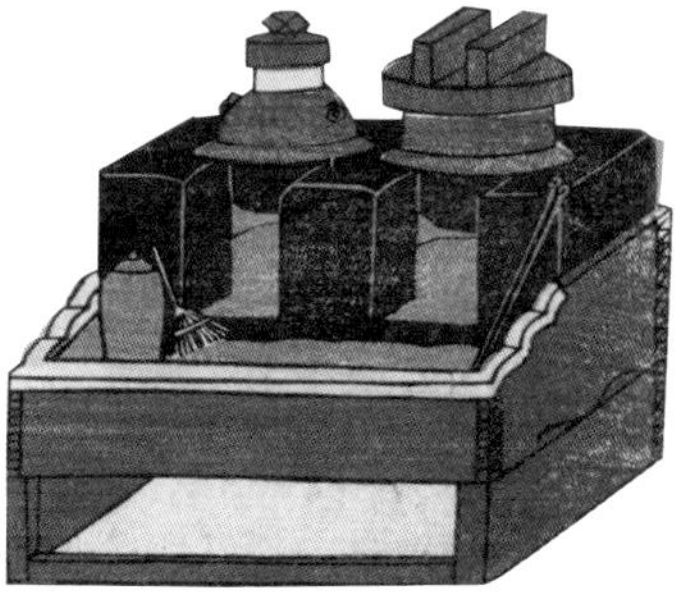

江戸っ子の大好きな「玉子ふわふわ」という料理の節約版レシピとして考案された料理。当時、卵は高価な貴重品だったからです。「倹約を行ふ人専《もっぱ》ら用ゆべし」とされたこの料理、現代人にすれば「健康に気遣う人、専らこれを用ゆべし」となりましょう。ふわふわの食感は、食欲のない時や、子どもにも大好評なおかずになるはずです。

【材料】

卵……………2個（100g）
豆腐…………1／3丁（100g）
だし汁…………2カップ
醤油……………小さじ2
塩……………小さじ1／5
こしょう……………少々

【作り方】

❶ すり鉢で豆腐をすり、溶き卵を少しずつ加えて、よくすり合わせる。
❷ だし汁を温め、塩、醤油を加えて煮立ってきたら、❶を「の」の字を描くように流し入れ、蓋をして、中火で10秒ほどで火を止める。
❸ 器に盛り、こしょうをふる。

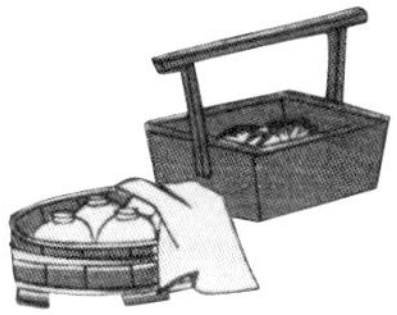

鍋は余熱を蓄える土鍋や陶製の蓋つきのものが焦げつきにくく、よいでしょう。

卵の風味を存分に味わう
究極のシンプル卵料理

寄《よせ》卵《たまご》

卵

滋養強壮

©佐伯義勝

料理としては具のない茶碗蒸しによく似ていますが、こちらの方がやや固めで、卵らしさをより感じられます。だしの味もおいしさにおおいに関係するので、いろいろなだしで作ってみるのも楽しそう。生姜汁はかけるとスッキリとして葛あんによく合います。椀種にも適しているので、すくい取ってどうぞ。

【材料】

- 卵……4個（200g）
- だし汁……1・5カップ
- Ⓐ 塩……ひとつまみ
- 　 醤油……小さじ1
- Ⓑ だし汁……1カップ
- 　 塩……小さじ1／6
- 　 醤油……大さじ1／2
- 　 酒……小さじ1
- Ⓒ 葛または片栗粉……小さじ2
- 　 だし汁（または水）……大さじ2
- 生姜汁……小さじ1

【作り方】

❶ Ⓐを混ぜて、割りほぐした卵に加え、泡が立たないように混ぜて濾す。

❷ ❶を鉢か蒸し茶碗に注ぎ、蒸気の立った蒸し器に入れ、2～3分強火で蒸し、表面が白くなりかけたら火を弱めて10分ほど蒸す。

❸ 小鍋にⒷを入れ、煮立ってきたら、Ⓒのだし汁で溶いた葛を、鍋をかき混ぜながら少しずつ加える。透き通ってきたら火を止めて、生姜汁を加え、蒸しあがった❷にかける。

江戸の鰹だし、上方の昆布だし

干した鰹《かつお》は古代から保存食とされ、煮汁は調味料に使われていたというほど、日本人はうまみを上手に利用してきた食文化を持っています。そのうまみを「だし」として確立させたのは江戸時代です。元禄期（1688～1704）には、鰹節の製造が実現し、産地から江戸まで鰹節としての加工品が運搬されるようになりました。

一方、上方では北前船の運航から、昆布が大坂に入り、軟水とよく合う関西のだし文化が発展しました。

江戸の食事情 3

江戸版カフェから、高級料亭まで江戸の町は外食産業が百花繚乱

労働力の急増に比例して至るところに食の店が出現

徳川家康が江戸に幕府を開いてから、将軍お膝元城下町として江戸は急速に整備されました。明暦《めいれき》の大火（1657）以降は、町の開発と復興のため、ますます男性の労働人口が増えました。そのため、手軽に済ませられる食事が求められ、煮売りなどの簡単な調理品を売り歩く者や、屋台が次々に出現。人びとは家で自炊しなくても、食べることに困らないスタイルが徐々に広がっていったのです。

そうした屋台の店も次第に往来の賑わう場所に店を構えるようになりました。

江戸後期になると、料理茶屋から定食を出す一膳飯屋と呼ばれる食堂まで、江戸市中には至るところにバラエティに富んだ飲食店が増えていったのです。

屈指の高級料亭「八百善《やおぜん》」 文化文政期（1804～1830）を代表する高級料亭のひとつ。浅草に近い山谷に店を構えていた「八百善」。文化人の常連客も多かった『江戸高名会亭尽 山谷』

食べものに困らない江戸 こだわりの美食文化も加速

一膳飯屋では、野菜や魚の煮つけなどのおかずに、汁物、香の物とごはんが一般的でした。これらの店では大金を出さなくても十分食事にありつけたことから、江戸で暮らすうえで食の不自由はなかったといえるでしょう。

式亭馬琴《しきていばきん》の滑稽本『浮世風《うきよぶ》呂《ろ》』の中には、「お江戸に生まれたありがたいことには、年中自由が足りる（食に不自由しない）」という一文があります。お惣菜だけを買って帰るもよし、帰宅途中で一杯やるもよし、となれば現代と違いはありません。

飲食店が増えるにつれ、江戸っ子の舌も肥えてくるのは自然ななりゆきです。ライバル店との差別化や、売り上げを伸ばす目的のためか、店も工夫し出します。

なかには美女をおいて客引きをしたり、高級料亭においては景観にこだわるなど、ユニークさも加速していきました。美食家も現れ、当時の文化人たちもさまざまなメディアで店の評価を発表するなど、江戸っ子の美食文化をけん引しました。こうして江戸の外食産業は深化していったのです。

美女が接客した茶屋
浅草の浅草寺境内には20軒以上もの茶屋が並んでいた。美女の接客で、茶代も高かったという『江戸名所百人美女浅草寺』

いわゆる麦茶のドリンクバー
当時は麦湯と呼ばれていた麦茶専門店。よしず張りの簡単な店がまえで、窯《かま》で沸かした麦茶を出した『十二ケ月の内　六月　門ト涼』

ごはんの下に隠されているのは…！
とりどりの薬味で楽しむ大胆な一膳

埋豆腐《うづみ》

白米
エネルギー補給

©佐伯義勝

拍子切りにしてゆでた豆腐に、豆腐田楽に使うような味噌をほどよくかけたら、その上になんと炊いたごはんを乗せてしまうという珍しい料理です。豆腐とごはんの割合を変えると、また違った味わいになります。この分量だと味噌が多めにできるので、こんにゃくに、煮物にと、自由な発想で活用してみてください。

【材料】

米……2カップ
水……2・4カップ
豆腐……1丁（300g）
赤味噌……120g
西京味噌……80g
砂糖……小さじ1
みりん……大さじ1
酒……大さじ2
ゆず……少々
唐辛子粉……少々
粉山椒……少々
ごま……少々
生姜……少々

【作り方】

1. 炊飯器でごはんを炊いておく。
2. 鍋で赤味噌、西京味噌、砂糖を合わせ、酒、みりんでのばし、中火でトロリとするまで練り上げる。
3. 豆腐を大きな拍子切りにし、湯（分量外）で温めて引き上げ、茶碗に盛る。
4. 3の豆腐の上に2の味噌の1／4程度を乗せ、ごはんを盛る。お好みで刻みゆず、唐辛子粉、粉山椒、ごま、おろし生姜などを添える。

ひと口ずつ、各種の薬味で味を変えて楽しむのがおすすめ。そのほか、のり、ねぎ、木の芽、しそ、七味唐辛子などもどうぞ。

ねり味噌は少量だと作りにくいため、分量を多めにしています。余った分はほかの料理などに活用しましょう。

主食

江戸っ子の人気のおかず　豆腐

江戸初期はぜいたく品として農民が作ることを禁じられていた豆腐は、時代が下るにつれ、『豆腐百珍』という豆腐料理だけで1冊レシピ本が出版されるほど、庶民の大好物のおかずになりました。当時の豆腐は現在の豆腐1丁の4倍の大きさでした。

絵は江戸時代の豆腐屋の店先。子どもを背負った母親が大豆を濾《こ》し、奥ではおばあさんが油で揚げた油揚げを作っています。

『職人尽絵詞』

©佐伯義勝

鯛

抗酸化作用

鯛のゆで汁で炊くごはん
うまみを凝縮させたシンプル膳

道《た》味《い》魚《め》飯《し》（鯛《たい》飯《めし》）

魚の中でも高級魚として人気の鯛は、血液をサラサラにしてくれるDHA、皮膚、粘膜によいビタミンA、骨を丈夫にするカルシウムの吸収を助けるビタミンDなどが含まれています。また、肉にはほとんど含まれていないタウリンは生活習慣病予防の効果もあります。ゆで汁も上手に使ったこの料理で、栄養価を余すことなくいただきましょう。

【材料】

鯛（切り身・中落ち）……正味150g
Ⓐ 塩……小さじ1／2
米……2カップ
Ⓑ 水……2・4カップ
だし汁……3カップ
Ⓒ 塩……小さじ1／3
醤油……小さじ1
Ⓓ 葛または片栗粉……小さじ2
水……大さじ1
木の芽……少々

【作り方】

❶ 鯛をザルに並べ、Ⓐの塩をふって20〜30分おき、熱湯（分量外）に通して霜降りにする。
❷ Ⓑの水を沸かして酒、塩を各少々（分量外）入れ、丁寧にアクを取りながら❶をゆで、取り出して身をほぐす。
❸ 水を加えて2・4カップに再度調整した❷のゆで汁で、炊飯器で米を炊く。炊きあがった直後に❷のほぐし身を加えて蒸らす。
❹ 鍋でⒸを温め、Ⓓの水溶き葛でトロミをつける。
❺ ❸のほぐし身とごはんを混ぜて、器に盛り、❹をかけ、上に木の芽を置く。

鯛が生食用ではない場合、❷でよく加熱しておきましょう。冷凍ものの場合は、炊飯時に酒大さじ1（分量外）を加えるのがおすすめです。

『甘い物好』

江戸の
名物菓子として
人気を得た桜餅

浮世絵の女性が頬張っているのは、隅田川近くの向島にできた店の桜もち。左上には観光客のお持ち帰り用の籠が描かれています。

大福

牡丹餅

かりんとう

日本のスイーツ文化は江戸時代が始まり

「上《じょう》菓子」から「駄菓子」まで 上方と江戸、おやつの発展

　江戸時代の菓子は初期まではまんじゅうやせんべい、団子、ようかんなどの素朴なものが一般的でしたが、元禄時代（1684〜1704）になると、上方で華開いた元禄文化を機に、雅な名をつけ、デザインも美しく凝った菓子が誕生しました。こうした菓子は「上菓子」と呼ばれ、天皇や公家、豪商など、ごく一部の人びとだけの嗜好品でした。

　その後、徐々に諸大名に広まり、参勤交代の土産や接待などのあらゆる場面で上菓子は重用されるようになります。「菓子折」という言葉があるように、菓子は贈り物に最適な品として扱われたのです。こうして大名は上菓子の大量消費者になり、諸大名と関わる町人階級も上菓子に触れる機会を得たことから、上菓子が世の中に浸透していきました。

　しかし、その存在こそ広まっても庶民にとって白砂糖をふんだんに使った上菓子は高級品。手の出る品ではありませんでした。そんな中、庶民は黒砂糖を使った「並菓子」（駄菓子）を作り始めます。庶民の間にだんご、金つば、おこし、大福や牡丹餅《ぼたもち》など、現在でも一般的な和菓子が登場するのは江戸中期以降です。今川焼やかりんとう

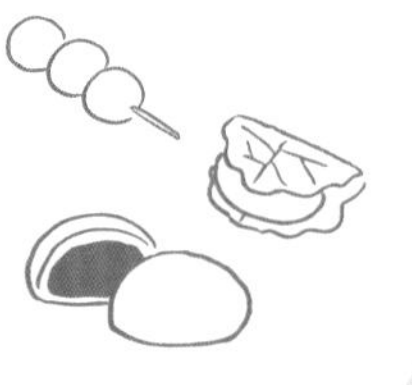

が登場するのは江戸最大のグルメブームが到来した文化文政期（1804〜1830）です。

もっとも、文政7年（1824）に発行された『江戸買物独案内』という本には、120軒もの菓子屋が紹介されていますが、そのうちの半数近くは京菓子ゆかりであると記載があります。つまり、江戸らしい菓子が誕生したとはいえ、この時期でもまだ江戸の菓子文化は上方に追随していると考えられます。

上方の菓子と江戸の菓子、さらに各地の菓子を結びつけたのも大名たちの存在が大きいといえます。

参勤交代で江戸から故郷を行き来する際に、こうした各地の菓子を全国に広めるのに一役買い、街道沿いの城下町や門前町にはその地ならではの銘菓も誕生していきました。

このように生きるために食事をしていた時代から、泰平の世が進むにつれ、食文化にもゆとりが生まれ、人びとが暮らしの中に食べる楽しみを見出していった産物こそが、おやつといえるのです。

『御菓子雛形』

江戸の上菓子の意匠集

上菓子は、職人の工夫により、デザインも色も多様化し、菓子の料理・デザイン本まで出版されるほどに。大名家に納める御用達の菓子屋も誕生し、上菓子は贅を凝らした嗜好品でした。

「水菓子」と呼ばれたフルーツ

果物は、当時は水菓子と呼ばれる嗜好品でした。夏の水分補給に西瓜《すいか》の栽培も盛んになり、庶民に広まりました。現代のものほど甘くなかったため、砂糖をかけて食べることもありました。夏には市中に露店の水菓子屋が出て、その場で切り分けてくれました。

浮世絵は、夏真っ盛りの土用の日に着物の虫干しをする女性。おやつタイムの休憩なのか、西瓜が大皿に山盛りに盛りつけられています。

『十二月ノ内水無月土用干』

ノンカロリーな寒天と涼し気な豆腐
ダイエット中でもうれしいおやつ

玲瓏《こおり》とうふ

©佐伯義勝

整腸作用
寒天

天草《てんぐさ》を原料とする寒天は、食物繊維が豊富でカロリーゼロなヘルシー食材です。透明な寒天の中に豆腐を入れるアイディアに、江戸っ子の自由な発想力がうかがえます。同じ寒天から作られるところてんは、関東は酢醤油にねり辛子、関西は黒蜜でいただく風習があります。気分に合わせてまったく違うものをいただくようで、楽しみが広がります。

【材料】

絹ごし豆腐……1／2丁（150g）

Ⓐ
寒天……1／2本
水……2・5カップ

ねり辛子……少々

Ⓑ
醤油……大さじ2
酢……大さじ2

Ⓒ
白砂糖……50g
黒砂糖……50g
水……1／2カップ（100cc）

【作り方】

❶ 寒天は洗ってしぼった後、細かくちぎって鍋に入れ、Ⓐの水に浸して約30分おく。

❷ 豆腐はお好みで四角または三角に切りそろえる。

❸ 流し缶などを水に濡らして水気をきり、❷の豆腐をきちんと並べる。

❹ ❶の鍋を火にかけ、煮立ってきたら火を弱め、6～7分煮る。寒天が煮溶けたら裏ごしし、❸の流し缶に静かに流し入れ、冷蔵庫で冷やす。

❺ ❹が冷えたら、お好みで、ねり辛子とⒷを混ぜた酢醤油、Ⓒを混ぜた黒蜜でいただく。

豆腐は木綿より、口当たりの滑らかさから、断然絹ごしが適しています。

料理の一品として酢醤油でもよし、黒蜜をかければスイーツに早変わりです！

©佐伯義勝

生姜とけしの実が粋な風味！
甘い卵の江戸スイーツ

松《まつ》風《かぜ》卵《たまご》

滋養強壮
卵

卵、砂糖、小麦粉（または上新粉）は、スイーツの定番材料ですが、江戸っ子たちもこの贅沢な味わいを知っていたことがわかるレシピです。しかし、現代との違いは生姜の絞り汁を、隠し味という以上の量を入れること、けしの実を散らすこと。けしの実は食物繊維や生活習慣病を予防してくれるオレイン酸が豊富です。甘いだけじゃない料理に江戸の粋を感じます。

【材料】

卵……2個（100g）

A
- 生姜汁……大さじ1
- 上新粉または小麦粉……大さじ2
- 砂糖……小さじ1
- 酒……小さじ1
- 塩……少々

けしの実……大さじ1

【作り方】

❶ 卵を割りほぐし、布で濾《こ》し、Ⓐを加えて混ぜ合わせる。

❷ 卵焼き鍋を熱して油（分量外）をしき、❶をすべて流し入れる。30秒ほどで火を弱めて1〜2分焼き、表面が乾ききらないうちに、けしの実を一面に振りかける。表面が乾いて裏側にほんのりと焼き色がついたら裏返し、20〜30秒焼いて、盆ザルか紙を敷いた皿などにあける。すっかり冷めてから切り分ける。

粉は上新粉でも小麦粉でもよいですが、上新粉の方はややしっとりと仕上がり、小麦粉の方が、焼き色がきれいです。

焼き時間は直径18センチ角の卵焼き鍋を使用した際の目安。卵焼き鍋がない場合はフライパンなどでもOK。サイズによって焼き時間が異なるので、状態を見て調整しましょう。

江戸の食事情 4

蕎麦、鰻、天ぷら、寿司 和食の四大グルメはB級グルメ!?

現在の和食の代表格といえる寿司、天ぷら、鰻。そして日本人が昔から食べてきた蕎麦。これらが現在の食べ方になり、庶民に浸透したのは江戸時代です。

天然生簀《いけす》「江戸湾」の幸の握り寿司

現在のような握り寿司が誕生したのは、文化文政期（1804〜1830）。具はコハダやアワビ、鱚《きす》などの魚介類や卵焼き、醤油や砂糖、酒で味つけしたアナゴなどで、値段は4文か8文程度（1文＝20円で換算して80〜160円）。当時は現在の握り2つ分の大きさでした。逆にいえば大きすぎて食べづらかったものを2つに分けたのが、現在1ネタ2貫の始まりです。

ゆで麺の調理法になった蕎麦

古来より日本人は蕎麦を食べてきましたが、蕎麦がきや蕎麦もちなど、形状は今とは違いました。江戸時代になってから、長く四角い「蕎麦切り」になり、その後、醤油やみりんとともにだしが普及したことから、現在のような食べ方になりました。

屋台で串揚げも人気だった天ぷら

天ぷらは菜種油やごま油の生産性が高まった江戸中期から庶民に人気がでました。屋台の串揚げの天ぷらは手軽なファストフードでした。天つゆやタレをつけて食べる食べ方もこの頃から。浮世絵の女性は芝海老の天ぷらの串を手にしています。

道端で気軽に買えた鰻のかば焼き

今では高級料理の鰻ですが、江戸時代には鰻のかば焼きは道端で行商が焼きながら売り歩くような身近な食べ物でした。鰻丼ができたのは庶民文化の絶頂期の文化期（1804〜1818）。鰻を器に乗せるものから、飯の間にはさみ込みものなどがありました。

鰻のかば焼きの行商。道端で気軽に買えた『守貞謾稿』

（上）芝居小屋の近くに出ている二八蕎麦の屋台。芝居見物の客の腹ごなしにぴったり『大江戸しばゐねんぢうぎやうじ風聞き』
（下）天ぷらに舌鼓を打っている女性。屋台からテイクアウトもできた『風俗三十二相むまそう』

4章

季節を味わう旬のレシピ

一年中なんでも手に入る
現代では、食材の旬の
時期は忘れがちです。
しかし、江戸時代は冷蔵庫もなく、
栽培方法も今に比べて
発達していなかったため、
自然と、その食材の栄養価が
もっとも高い旬の時期に食べていました。
季節を楽しみ、旬を味わうことこそ、
豊かな暮らしですね。

江戸の食事情 5

春・夏は屋外でアクティブに！桜花とともに花見弁当を味わい、夏は花火の下で杯を傾ける

季節の食を楽しんだ江戸っ子たち ～春・夏編～

エアコンなどなかった江戸時代。四季の移ろいは現代より身近で、行事にちなんだ食とともに季節の食を楽しんでいました。春のメインイベントはなんといっても花見。弁当持参で花の名所に繰り出す楽しみは今も昔も変わりません。夏は花火に加えて、初鰹や夏の土用の鰻の楽しみもありました。

春

花見は酒の道具も一式持参で

花見の名所は上野、飛鳥山、隅田川沿いの土手などがありました。花見には料理を詰めた重箱、角樽と呼ばれる酒樽に、なかには小さなコンロを組み入れた、酒の燗をするための道具まで持参する場合も。絵には毛氈の奥に角樽、重箱に、煙草盆も見えます。

『東叡山花さかり』

春～夏の主な行事と食

春

1月元旦　若水《わかみず》を汲む　各家の家長が井戸から組んだ水を神棚に供え、お雑煮を作りました。

立春前日　節分

1月7日　人日《じんじつ》　七草の節句とも呼ばれる、五節句のひとつ。現代の七草粥の起源になりました。

1月11日　鏡開《かがみびらき》

1月15日　小豆《あずき》粥祝　小豆の赤い色が邪気を払うとされたことから、無病息災を願う行事でした。

2月最初の「午《うま》」の日　初午《はつうま》　五穀豊穣を

『卯の花月』（部分）東京都立中央図書館特別文庫室蔵

夏

初鰹は江戸っ子の見栄の張りどころ

江戸っ子は初物が大好きでしたが、中でも熱狂したのが初鰹。1本数万円することもあり、とにかく高価で、「初鰹 銭と辛子で二度涙」ということもあったようです。絵は、倖手振《ぼてふ》りが初鰹をさばいているところ。長屋のおかみさんが皿を手に集まっています。1本丸々はムリでも、半身や四分の一を買い求めたのですね。

夏

一杯やりながらの涼み船は夏の風物詩

江戸の涼みの名所はなんといっても両国橋。屋根船という低い屋根の下がお座敷で、左右に簾《すだれ》を下げた遊興船です。女性たちの間には、皿の上に敷いたガラスの簾の上に刺身があります。「つま」として山形に盛りつけた大根おろしも添えられています。手前の深めの器の品は煮物のよう。左の女性はおちょこを川で洗っていますね。

『夕すずみ』

願う稲荷神社のお祭りで、小豆飯を炊きました。

3月3日　上巳の祝　五節句のひとつで、雛祭のこと。白酒をお供えしました。

夏

4月8日　灌仏会《かんぶつえ》　お釈迦様の誕生を祝う日。お寺には誕生仏と呼ばれる像が安置され、ガクアジサイの変種を煎《せん》じた甘茶《あまちゃ》を注ぎかけたり、持ち帰って飲んだりしました。

5月5日　端午　粽《ちまき》や柏餅を食べる風習も今に伝わっています。

5月28日　川開き・花火　この日から8月28日まで納涼船を出しての夕涼みが許され、スポンサーがいる限り、毎晩でも花火があがりました。

初茄子　初鰹に次いで珍重された初茄子は、5月頃から市中に出回りました。

土用《どよう》の丑《うし》の日　江戸時代に、鰻が土用の丑の日の食べ物として定着しました。

6月16日　嘉祥《かじょう》　疫を逃れ、健康招福を願ってお菓子やお餅を神前に供え、食べる行事。江戸城内でも将軍から大名たちにお菓子がふるまわれました。

リスト内の日付けは旧暦（太陽太陰暦）のものです。旧暦2022年1月1日は、現代の新暦（太陽暦）の2022年2月1日にあたります。

春の山と海のうまみを閉じ込めた
贅沢な春のごちそう

時雨《しぐれ》卵《たまご》

春

蛤

木の芽

©佐伯義勝

産卵に向け身に栄養を蓄える春先が旬の蛤《はまぐり》。塩気を含んだ蛤の汁をあまさず使い、あえて調味料なしで仕上げます。蛤本来のうまみに加えて、同じく春先から旬を迎える木の芽の上品な香りで、季節の移ろいが感じられる一品。蛤が輸入ものの場合は、肉質が硬いこともあるので、細かく切ると食感よく仕上がります。

【材料】

卵……2個（100g）
蛤（殻付き）……中くらいのもの5個（正味80g）
蛤の汁……1／2カップ
木の芽……5～6枚

【作り方】

❶ 蛤の汁を逃がさないようボールに受けて殻から外し、身を包丁で荒くたたく。

❷ 卵を割りほぐし、❶の蛤の実と汁、木の芽を入れてよく混ぜる。鉢などに移して蒸気の立った蒸し器に入れ、表面が白っぽくなるまで蒸した後、弱火で12～13分ほど蒸す。

❸ 蒸したてをスプーンですくい取り、器に盛る。

蛤の汁が1／2カップより少ない場合は、同量の酒と水を加えたものを足して調整を。

『書画五拾三駅 伊勢桑名名物焼蛤』

「その手は桑名の焼き蛤」

江戸時代から蛤の産地は点在していました。特に蛤の名産地として知られていたのは木曽三川《きそさんせん》の河口に位置する桑名。古くから交通の要衝だっただけに、東海道の中でも旅籠《はたご》の数が多く、街道沿いの茶屋の店先でも蛤を焼く香ばしい匂いが漂っていたとか。十返舎一九《じっぺんしゃいっく》の滑稽本『東海道中膝栗毛《とうかいどうちゅうひざくりげ》』でも、弥次《やじ》さん・喜多《きた》さんが桑名の焼き蛤を食べるシーンが描かれています。蛤があくびをすると楼閣《ろうかく》の蜃気楼《しんきろう》が現れるという伝承もあったことから、蛤を焼く煙の中に楼閣が現れ、人びとが驚くところを描いた浮世絵も残っています。

パステルカラーのコントラストも美しい
春を盛り込んだごはん

山《やま》吹《ぶき》めし

春
せり
三つ葉

©佐伯義勝

春の七草のひとつのあげられるせり。吸い物くらいの味の汁をかけただし茶漬けですが、香り高くほろ苦いせりを加えることでグッと春めいた一品が完成します。せりの代わりに、こちらも春先が旬の三つ葉でもよいでしょう。かけ汁の味は薄口に仕上げて、せりの風味を味わってはいかがでしょうか。

【材料】
米……2カップ
水……2・4カップ
卵……4個
せり（または三つ葉）……10本
だし汁……3カップ
塩……小さじ1／2
醤油……小さじ1

【作り方】
❶炊飯器でごはんを炊いておく。卵を固ゆでにして、黄身を裏ごしする。せりはみじん切りにする。
❷だし汁を温め、塩と醤油を加える。
❸ごはんを器に盛り、黄身とせりを振りかけ、❷のだし汁を注ぐ。

徳川将軍も食べた七草粥

一年間の無病息災《むびょうそくさい》を祈って七草粥を食べる風習は、平安時代からあったともいわれています。江戸時代には、雛祭の上巳《じょうし》、端午、七夕《しちせき》、菊の節句の重陽《ちょうよう》とともに五節句のひとつに定められ、「七草の節句」「人日《じんじつ》」と呼ばれました。江戸城内でも諸侯が登城して七草粥を食べる「七種《ななくさ》の祝儀」という公式行事を挙行。こうした武家の風習は次第に庶民にも広まり、浮世絵には七草を刻む女性も描かれています。

『春遊娘七草』
東京都立中央図書館
特別文庫室蔵

うまみ豊かな春の椎茸を
木の芽の香りとともにいただく

木《こ》の葉《は》めし

©佐伯義勝

椎茸は通年出回っていますが、旬は春と秋の2回。春は凝縮したうまみを、秋は香り高い風味を楽しめます。木の芽と合わせるこのレシピで使うのは春の椎茸。調味料は控え目にして、春の香りとうまみをしっかり味わいましょう。

【材料】

米……2カップ
水……2・4カップ
木の芽……20枚

Ⓐ
水……1／2カップ
生椎茸……4枚
醤油……小さじ1

Ⓑ
だし汁……3カップ
塩……小さじ1／2強
醤油……小さじ1

木の芽の香りを活かすために薬味は不要です。

【作り方】

❶ 椎茸の軸を切って水洗いし、Ⓐの水で下ゆでする。丁寧にアクを取り、Ⓐの醤油を加えて火を止める。冷めてから取り出し、5ミリ角に切る。木の芽は葉を摘み取って水に放しておく。

❷ 鍋でⒷを混ぜ合わせる。

❸ 炊飯器で米を炊き、炊きあがった直後に、汁をきった❶の椎茸を加えて蒸す。木の芽を入れ、混ぜ合わせて器に盛り、❷を温めてかける。

椎茸は下ゆでしてアクをとることで、すっきりとした味わいに仕上がります。

主食

新たな枝豆の食べ方発見！
夏の具だくさんスープ

賽《なっ》淡《とう》鼓《もどき》

夏

枝豆

©佐伯義勝

夏のビールのお供といえば、誰もが思い出す枝豆。ゆでてそのまま食べることが多いですが、これはすりつぶして味噌風味のスープにするレシピです。枝豆のきれいな緑色を出すため、味噌はできれば白味噌を用意して。枝豆にはアルコールの分解を助ける効果もあるので、お酒のメ《しめ》の1杯にも最適です。

【材料】

豆腐……1丁（300g）
枝豆（さや付き）……200g
青菜（小松菜など）……100g
だし汁……3カップ
白味噌……大さじ2
ゆず……少々
ねり辛子……少々

ねり辛子は風味豊かなので、ぜひ用意したいもの。水でゆるめに溶けば、汁になじみやすくなります。

【作り方】

❶ 枝豆は12～13分ゆでてさやから外し、薄皮をむいて、すり鉢でよくすり、だし汁でのばす。

❷ 豆腐は5ミリ角に切る。青菜はみじん切りにし、水にさらしておく。ねり辛子は水（分量外）でゆるめに溶いておく。ゆずはみじん切りにしておく。

❸ ❶を鍋に入れて火にかけ、煮立ってきたら味噌を溶き入れ、アクを取り、豆腐を入れる。ひと息おいてから、よく水をきった青菜を加える。器に盛ってゆずを散らし、ねり辛子を落とす。

おかず

夏の市中に響く「枝豆や、枝豆」の売り声

『守貞謾稿．巻6』

江戸時代、市中にはさまざまな食べ物売りが行き来していました。江戸後期の風俗誌『守貞謾稿』によると、当時はゆでた枝豆を枝ごと売り歩いていたようです。枝についた豆なので、売り声もそのまま「枝豆や、枝豆」。一方、上方では枝を取り除いて売っていたため、同じ枝豆でも「さやまめ」と呼び、売り声は「湯出さや、湯出さや」だとか。夏の夜の風物詩というから、江戸っ子たちも晩酌のおつまみにしたのでしょうか。栄養学など発達していなかった当時、お酒と一緒に枝豆を楽しむのは先人の知恵なのかもしれません。

ごちそうを食べた後の〆《しめ》にも！
ほうじ茶で炊いた茶飯の風味が新鮮

利《り》休《きゅう》めし

夏
みょうが

©佐伯義勝

みょうがは、夏から秋にかけて旬を迎えます。秋みょうがは鮮やかな赤色で甘酢漬け向き。夏みょうがは、さわやかな風味とシャキシャキとした食感が持ち味です。茶飯のだし茶漬けにトッピングするこのレシピには、薬味にもぴったりの夏みょうががおすすめ。酒と醤油を加えて炊いた現代の茶飯と違い、これはほうじ茶でお米を炊くスタイルです。

【材料】

- ほうじ茶（茶葉）……大さじ1強
- 湯……2・5カップ
- 米……2カップ
- だし汁……3カップ
- 塩……小さじ1／2
- 醤油……小さじ1
- 浅草のり……1／4枚
- みょうが……2個

【作り方】

1. 湯を沸かしてほうじ茶の茶葉を入れ、すぐに濾《こ》す。2・4カップ分のほうじ茶を冷ましておく。
2. 米は水洗いし、ザルにあげて水をきり、1のほうじ茶に30分つけてから、そのまま炊飯器で炊く。
3. のりを細い千切りにする。みょうがは斜め薄切りにし、水に放ち、水気をきる。
4. だし汁を温めて塩、醤油を加える。
5. 2を器に盛り、4をかけ、みょうがとのりを置く。

お茶で炊いた茶飯に始まった江戸の外食文化

江戸は外食産業も盛んなグルメな町でしたが、その始まりは明暦《めいれき》の大火（1657）後のこととされています。江戸の風俗誌『守貞謾稿《もりさだまんこう》』には、お茶でごはんや大豆などを炊いた奈良茶飯《ならちゃめし》を出す浅草寺門前の店が、料理屋の始まりと記されています。江戸中期には、多摩川にあった六郷《ろくごう》の渡しの近くに位置した万年屋《まんねんや》という料理屋の奈良茶飯が評判となり、川崎宿で随一の茶屋として名を馳せました。江戸の地誌『江《え》戸《ど》名所図会《めいしょずえ》』にも、大賑わいの店内で茶飯をかきこむ人びとが描かれています。

『江戸名所図会 7巻 .［5］』
河崎万年屋

江戸の食事情 6

季節の食を楽しんだ江戸っ子たち ～秋・冬編～

仲秋の名月にだんごをお供えし、冬には来年の幸を祈願した縁起物をいただく

1カ月を月の満ち欠けで定める旧暦（太陽太陰暦）が基準だった江戸時代。だんごをお供えする十五夜は、電灯のない当時の秋の夜長の楽しみだったことでしょう。冬には鷲《おおとり》神社のお祭「酉《とり》の市」も催され、縁起物とされた食べ物で来る年の開運、授福を祈願しました。

秋

お供え物をする庶民の月見は江戸時代から

月見の風習は古くは平安時代の宮廷で行われていましたが、庶民が楽しむようになったのは江戸時代。高輪などの海沿いは、月見の観光名所としても人気でした。8月15日の十五夜を見たら、9月13日の十三夜の月は必ず見る風習でした。供え物は江戸が三方にだんごを盛り上げて供え、花瓶にすすきを挿しました。京坂では先をとがらせただんごにきな粉と砂糖をまぶしたそうです。

『東都名所遊観　葉月高輪』

秋～冬の主な行事と食

秋

7月7日　七夕　7～9月が秋とされた江戸時代、七夕は秋の行事。瓜やなす、だんごなどをお供えし、古くからそうめんを食べる習慣もありました。

7月26日　二十六夜待《にじゅうろくやま》ち　この日の月は、光の中に阿弥陀如来《あみだにょらい》、観音菩薩《かんのんぼさつ》、勢至菩薩《せいしぼさつ》が見え、拝むと幸運が得られるとされていました。酒宴を設けたりしながら、夜半過ぎの月の出を待ちました。

8月15日　十五夜

9月9日　重陽

9月11日　だらだら祭　10日間におよんで

『当世菊見ノ図』

秋　菊の花を目と舌で楽しむ重陽の節句

今ではあまり聞くことがなくなりましたが、江戸時代には五節句のひとつとして大切にされていました。菊の節句、栗の節句とも呼ばれ、江戸初期に編纂《へんさん》された『日本歳時記』には「栗子飯を食ひ、菊花酒を飲む」と書かれています。菊の花びらはゆでて酢味噌で和えるなど、料理にも使われました。

冬　酉の市の縁起物は芋とお餅

『十二月ノ内　霜月酉のまち』

酉の市は、11月の酉の日に開催される鷲《おおとり》神社のお祭りです。福や客をかきこむ熊手とともに、縁起物とされたのが八頭《やつがしら》という里芋の一種。頭《とう》の芋とも呼ばれ、人の頭に立つように出世できるといわれました。また、幕末には酉の市で3色の切餅も売られ、中でも黄色の餅は黄金に通じる縁起物でした。

開催される、芝神明宮のお祭り。境内や神社周辺で生姜市がたちました。

9月13日　十三夜《じゅうさんや》　だんごのほか、栗や枝豆もお供えしました。

冬

10月最初の亥《い》の日　玄猪《げんちょ》　無病息災、子孫繁栄を願う行事。猪の子をイメージした亥の子餅、玄猪餅と呼ばれたお餅を食べました。

下り酒　例年10月に、上方から江戸に運ばれた新酒が到着しました。

11月15日　宮参り　いわゆる七五三。武家や裕福な商家でも行われ、現代もお馴染みの千歳飴《ちとせあめ》も江戸時代からありました。

11月酉《とり》の日　酉の市《いち》

12月1日　乙子朔日《おとごのついたち》　この日に餅をついて食べると水難を免れるとされ、お餅を食べました。

12月15日頃から　餅つき

12月大晦日《おおみそか》　晦日そば　江戸中期頃から、大晦日だけでなく、月の最終日である晦日にそばを食べる習慣がありました。

シンプルな味付けでかぼちゃと
小豆のやさしい味わいを引き出す

なんきん粥《がゆ》

秋
かぼちゃ
小豆

©佐伯義勝

使用する調味料は塩だけというシンプルな味つけのお粥です。夏の収穫後、追熟によって水分が抜け、味わいが増した秋のかぼちゃのうまみが引き立ちます。もうひとつの具は、秋に収穫される旬の小豆。収穫期の小豆は、保存用に乾燥させたものより煮える時間が短いので、様子を見ながら表皮が破れないように火加減を調整すると、美しく仕上がります。

【材料】

米……1/2カップ

Ⓐ
水……2・5カップ
塩……小さじ1/4

かぼちゃ……小1/4(正味100g)

Ⓑ
小豆……20g
水……1・5カップ

【作り方】

❶かぼちゃは種の部分を取り、ところどころ皮をむいて、1センチ角に切る。

❷小豆は水洗いし、Ⓑの水とともに鍋に入れ、最初は強火、煮立ってきたら中火にし、約30分煮る。途中で水が少なくなってきたら差し水をし、柔らかくなるまでゆでる。

❸米は水洗いし、厚手の鍋にⒶの水、塩とともに入れ、強火にかける。炊きあがってきたら❶のかぼちゃを入れ、再び吹いてきたら火を弱めてアクをすくい、約35分炊く。小豆を加えてさらに5分ほど煮て、器に盛る。

主食

小豆は少量で煮ると手間なので、1カップ程度を一度に煮た後、小分けして冷凍保存しておくと便利。お好みの甘さになるよう砂糖を加えれば、あんことしても使えます。

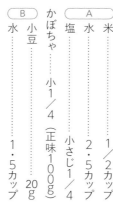

冬

くわい
ごぼう

ダブル縁起物のがんもどき
お節料理にいかが?

ヒリャウヅ・方《かく》ヒレウヅ

芽が伸びている形が「芽（目）がでる」に通じるとされるくわいの煮物は、おせち料理に欠かせない縁起物。また、地中にまっすぐ根を張るごぼうも縁起がよいとされ、たたきごぼうもおせちの定番料理です。そんな縁起物が2品も入ったがんもどきを、お正月の膳に加えるのもステキです。

【材料】

もめん豆腐……1丁（300g）
Ⓐ葛または片栗粉……大さじ1
くわい……2個（40g）
ごぼう……細めのもの1／2本（30g）
ぎんなん……4～5個
きくらげ……3～4枚
麻の実……大さじ1
ごま油……大さじ1／2
小麦粉……適量
揚げ油……適量
けしの実……小さじ1
酢……大さじ1
Ⓑ塩……ひとつまみ
砂糖……小さじ1／2
わさび……少々

麻の実、けしの実が
手に入れにくい場合は
なくてもOK。
砕いたナッツなどで
代用すれば、カリカリ食感を
演出できます。
生わさびが
入手しにくい場合は
なしでも大丈夫！

【ヒリャウヅ　作り方】

❶豆腐は150g程度になるまでよく水気をきり、すり鉢ですり、大さじ1杯分を取り分けておく。残りに塩少々（分量外）を加えてさらにする。

❷くわいは5ミリ角、ごぼうは針状に細い千切りにして水にさらした後、水気をきる。きくらげは水に戻し、千切りにする。ぎんなんは殻をむき、ゆでて薄皮を取り、薄切りにする。以上の具をごま油でサッと炒め、最後に麻の実を加える。

❸❶の豆腐を大さじ2程度手に取り、❷の具を中心に詰めて丸め、小麦粉をまぶして、180℃に熱した油で約2分、色づく程度に揚げる。

❹けしの実を軽く煎る。すり鉢でよくすり、Ⓑと❶で取り分けた豆腐大さじ1を加えてすり混ぜ、マヨネーズくらいの柔らかさにする。わさびを細い千切りにして加える。

❺❸を器に盛り、❹をつけながらいただく。

【方ヒレウヅ　作り方】

❶ヒリャウヅの❶、❷同様に豆腐と具を用意し、混ぜる。

❷流し缶などにきっちりと詰め、よく蒸気の上がっている蒸し器に入れて、中火で15分ほど蒸す。

❹すっかり冷めてから取り出し、食べやすい大きさに切り分け、ヒリャウヅの❸同様に揚げる。

❺ヒリャウヅの❹同様にソースを作り、つけながらいただく。

お餅&豆腐の新食感!
お正月のお餅のあまりで試したい

合《ごう》歓《かん》とうふ

冬

餅

©佐伯義勝

お餅と豆腐を大胆に組み合わせた、江戸の料理本の代表格『豆腐《とうふ》百珍《ひゃくちん》続編《ぞくへん》』に掲載のアイディアレシピ。お餅だけ、豆腐だけだと単調な味になりがちですが、2つを合わせることで変化を楽しめます。豆腐の上に乗せたお餅がすべり落ちやすいので、間にのりを敷くと収まりがよいでしょう。

【材料】

豆腐……………………1丁（300g）
切り餅…………………4個
だし汁…………………1・5カップ
Ⓐ 塩……………………小さじ1／6
Ⓐ 醤油…………………小さじ1・5
Ⓑ 葛または片栗粉……大さじ1／2
Ⓑ 水……………………大さじ1
生姜汁…………………小さじ2
花鰹……………………大さじ4

【作り方】

❶ 豆腐は切り餅の倍くらいの厚さを目安に、4つに切る。

❷ 豆腐を湯（分量外）で温め、浮かんできたらすくって、ふきんの上でよく水切りし、1つずつ器に盛る。餅は形が崩れないよう、湯（分量外）で柔らかく煮てすくい、それぞれの豆腐の上に静かに重ねて置く。

❸ 鍋でⒶを熱し、Ⓑの水溶き葛を加えてトロミをつけ、❷にかける。生姜汁を加え、花鰹を天盛りにする。

主食

『十二月之内　師走餅つき』

お餅をつく音は江戸の師走の風物詩

お餅は、稲作の伝来とともに日本に伝わったといわれ、古くから親しまれてきましたが、年中行事の祝いの膳にも取り入れられ、庶民にも広まったのは江戸時代。現代と同じように自宅でお餅をつく、菓子屋に注文する、年越しの品々を売る歳の市で買うほか、当時は餅つきの出張サービスもありました。これは、餅つき人足《にんそく》が杵《きね》や臼、お釜などの道具を担いで市中を回る「引きずり餅」。12月15日頃から年内いっぱいにかけて、餅つきの音があちこちから聞こえていました。

ごちそう続きの年末年始に
疲れた胃腸を労わるかんたんお粥

賽湯菽乳《ゆどうふもどき》

冬
大根

©佐伯義勝

甘みがあって柔らかく、みずみずしい旬の大根を使ったレシピです。ポイントは、お米から炊いたお粥。冷ごはんで作るより粘りが出にくく、味が落ちてしまうこともありません。お粥を炊くのは時間がかかりますが、手順はシンプル。コトコト煮込んだお粥と、消化を助けてくれる大根の組み合わせで、酒宴の後の1杯としてもぴったりです。

【材料】

Ⓐ
- 米……1／2カップ
- 水……2・5カップ

Ⓑ
- 水……1カップ
- 塩……小さじ1／5
- 醤油……小さじ1／3

Ⓒ
- 葛または片栗粉……大さじ1
- 水……大さじ2

- 根生姜……1かけ（10g）
- 大根おろし……100g
- ねり辛子……少々

【作り方】

❶ 米は洗って、Ⓐの水とともに鍋に入れ、火にかける。煮立ってきたら火を弱め、40分ほど煮る。

❷ 根生姜はすりおろす。ねり辛子はゆるめに溶いておく。

❸ 粥ができあがるころになったら、小鍋にⒷの水を入れて火にかけ、塩、醤油、Ⓒの水溶き葛を少しずつ混ぜながら加えて、ひと煮立ちさせる。

❹ 粥を椀に盛って❸の熱い汁をかけ、生姜汁、大根おろしを乗せ、辛子を落とす。

❶の段階では粘りを出さないため、混ぜすぎないようにしましょう。

現代の牡蠣飯とはひと味違う！
かけだしでいただく江戸流レシピ

牡《か》蠣《き》飯《めし》

冬

牡蠣

©佐伯義勝

牡蠣飯というと、お米そのものに味をつけた炊き込みごはんをイメージしますが、江戸時代の料理本『名飯部類《めいはんぶるい》』で紹介しているこのレシピは、白いごはんを炊きあげてから、別に軽く湯がいた牡蠣を加えるスタイル。冬のごちそう・牡蠣そのものの味が引き立つよう、かけ汁はやや薄口に仕上げるのがポイントです。

【材料】

米……2カップ
水……2・2カップ
牡蠣
（小粒のむき牡蠣）……160～220g
Ⓐ
だし汁……3カップ
塩……小さじ1／3
醤油……小さじ1
大根おろし……100g
ゆず……少々
こしょう……少々

牡蠣から水が出るので、炊飯時の水は少なめの2.2カップ用意しましょう。

【作り方】

❶ 牡蠣は殻のかけらを取り除き、海水くらいの塩水（分量外）で2～3度振り洗いして水気をきり、酒少々（分量外）を加えた熱湯（分量外）で霜ふりにしておく。
❷ 炊飯器でごはんを炊く。炊きあがった直後に❶の牡蠣を入れて蒸らしておく。
❸ ゆずを千切りにする。鍋でⒶを混ぜて温める。
❹ ❷のごはんと牡蠣をザッと混ぜて器に盛り、❸の熱いだし汁をかけ、大根おろしとゆずを乗せ、こしょうを添える。

主食

牡蠣を洗う塩水はたっぷり用意を。洗った後も、貝柱の部分に殻が残りがちなので注意しましょう。

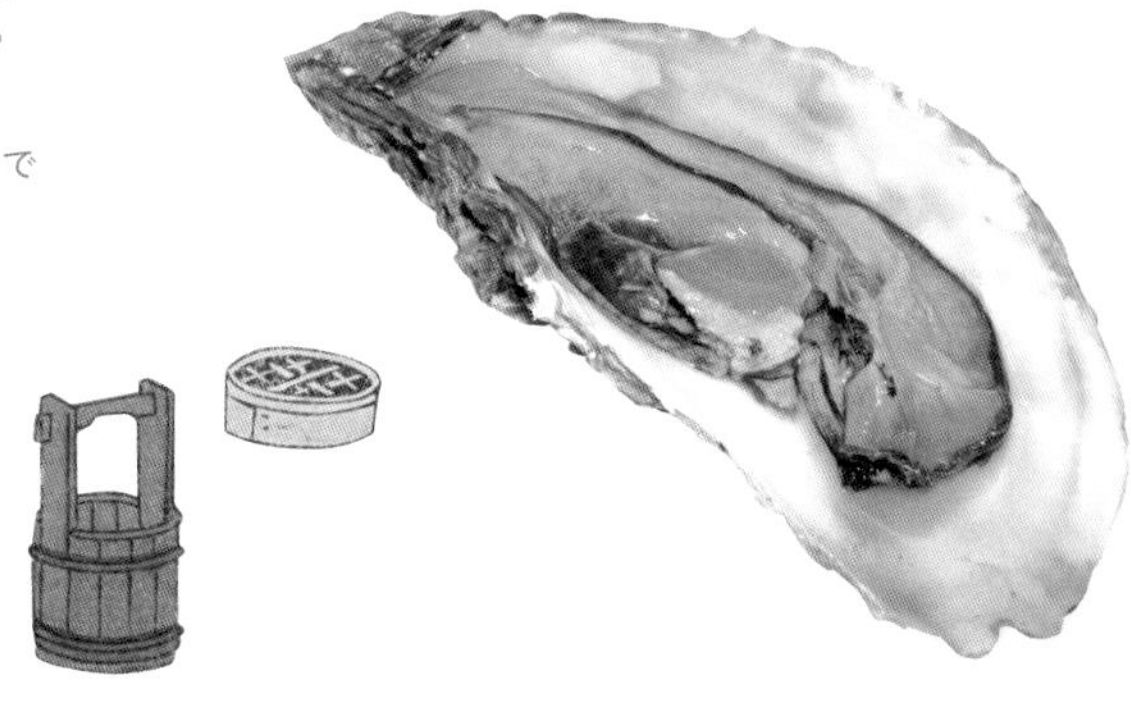

江戸料理研究の第一人者・
福田浩氏
インタビュー

難しく考える必要なし！
シンプルだからこそおいしい江戸ごはん

江戸時代の料理関連の本をひも解き、当時の料理を数多く再現するほか、江戸料理に関する著書も多い福田氏。研究を通じて感じた魅力や今こそ見習いたいことなどを聞いてみました。

福田 浩氏

1935年、東京生まれ。早稲田大学文学部史学科卒。江戸料理の店「三到」（千代田区永田町）で修行後、「なべ家」（豊島区南大塚）2代目主人に就任。現在も古い料理本の研究や、江戸時代の料理の再現に力を注いでいる。共著に『江戸料理百選』（2001年社）、『江戸料理をつくる』（教育社）、『豆腐百珍』（新潮社）など多数。

江戸ごはんの特徴や魅力は何ですか？

シンプルな中に感じるしゃれ感と遊び心

江戸はもともと漁師町から発展しただけに、料理もシンプルなものが多いと福田氏は言います。

「何といっても江戸前の魚は日本一（笑）！　獲れたてをまず刺身で食べて、あとは焼くか、煮るかといった単純な料理が多かったと思います。京料理に代表される上方の料理のような、洗練された華やかさはありませんが、私は、こういう小細工をしない単純明快なところが好きですね」

江戸は江戸時代になって幕府が開かれ、各地から人びとが集まってできた新興都市ということも関係があったようです。

「江戸は、いろいろな文化を取り入れて、わいわい元気にやっていた町でした。そんな町で生まれた料理の根底にあったのは、気取らないことだと思います。江戸の料理の代表格として有名なのは、寿司、蕎麦、天ぷら、鰻。今では高級な料理という印象もありますが、当時はおやつ感覚でちょいと食べる、気軽な庶民の味でした」

しかし、ただ単純なだけに留まってはいなかったのだとか。

「それでいて、しゃれっ気があって遊び心を感じる料理もあります」

確かに、たとえばたこを使った「桜めし」（28ページ参照）や、黒豆入りの「ほたるめし」（42ページ参照）といったネーミングセンスもしゃれたもの。また、豆腐とお餅など、現代ではちょっと意外な組み合わせ（90ページ参照）の妙も楽しめるのです。

関西の鰹節・昆布のだしに対して江戸のだしは鰹節だけ

味はどんなものが多かったのでしょうか。

「江戸の料理の味の基本は、寿司、蕎麦、天ぷら、鰻を見てもわかるとおり、醤油とみりん。江戸の人は甘辛の味が好きでした。また、だしは基本的に鰹節のみで、昆布は使いませんでした」

当時、昆布は北海道から大坂へと北前船の輸送ルートが発達していたことが、関西の昆布を使う文化をもたらしました。

「戦後、料理屋でも鰹節と昆布でだしをとるようになり、関東でもだしに昆布を使っているご家庭も多いでしょう。これは関西料理の影響。どちらがおいしい、まずいという問題ではなく、東西の食文化の違いです。鰹節だけのだしは、昆布を加えたまろやかな味とは違いますが、私も江戸料理の店をやっていた当時、鰹節だけでだしをとっていました。東京の人なら、これをおいしいと感じるのではないかと考えていたからです」

当時の江戸っ子の味覚のベースだった鰹節だけのだし。力強く豊かな香りに、どこか江戸の粋が感じられます。

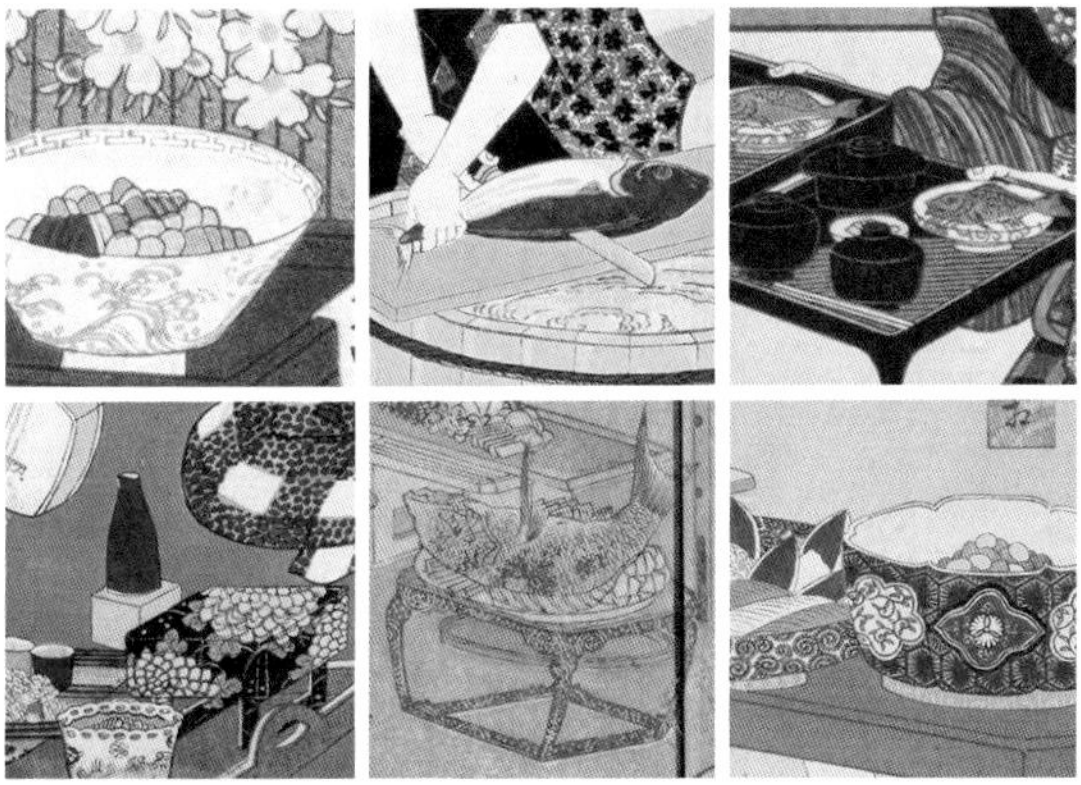

江戸時代の料理の研究のおもしろさは?

知識と史料を総動員して江戸の味を解明する妙

江戸時代の料理本は、まるで短編ミステリー小説のようだと福田氏。

「まず、当時の料理書は変体仮名まじりの崩し文字が難解です(笑)。そしてやっと読むことができたとしても、それぞれの食材の分量も書かれておらず、作り方の説明も実におおざっぱ。たとえば江戸時代最初の料理本『料理物語』に記されたうどんのゆで加減は『食いてみ申し候《そうろう》』、つまり食べてみればわかる、という具合なんですね。『吸い物は常のとおり』と書かれている本もあります」

うどんのゆで加減も吸い物の作り方も、こと細かに書かれていないのは、当時の人なら当たり前だったことだからだろうと福田氏は言います。しかし現代人には、その「当たり前」が何だったのかがわからないわけです。

「こうした謎に満ちた一品一品の作り方を、さまざまな文献にヒントを探しながら解明していくわけです」

自分で謎を解きながら料理が完成した時には、江戸の味により親しみを感じられそうです。

今、見習いたい江戸ごはんのポイントは?

「おいしい」のために当時のように時間をかけてみる

福田氏は、江戸ごはんに興味を持ったら、削りたての鰹節のおいしさをぜひ一度味わって欲しいと言います。

「江戸時代初期の『江戸料理集』には、料理の良し悪しの原因はだしだと記されています。一度、老舗の鰹節店で削りたてのものを買ってみてはいかがでしょう。そのおいしさを、一人でも多くの人に感じてもらえるとうれしいなあ(笑)」

P96～98の画像『吾妻源氏雪月花ノ内』『十二月ノ内　卯月初時鳥』『双筆五十三次　平塚』『当世若三人』『風俗三十二相　おもたさう　天保年間深川かるこの風ぞく』『繪本時世粧 2巻.[1]』『十二月ノ内　衣更着梅見』『江戸名所百人美女　呉服ばし』

5章

江戸の調味料を使った現代の料理

江戸時代、広く親しまれていた
調味料がありました。
「煎酒《いりざけ》」と呼ばれるもので、
梅のさわやかな酸味と
だしのうまみがとても上品です。
江戸の人びとが舌つづみを
打っていた味わいを
私たちもぜひ、
取り入れてみませんか。

江戸の粋な味には欠かせない

江戸っ子が愛した調味料・煎酒《いりざけ》って何!?

現代の醤油やみりんが広く普及する前まで、江戸には庶民に親しまれた調味料がありました。それが「煎酒」です。どんな味で、どのように使われたのでしょうか。

まろやかな風味がどんな料理にも合う煎酒

煎酒は、約250年もの間愛され続けた万能調味料

時代小説ファンなら、煎酒という名前は聞いたことがあるのではないでしょうか。その製法は、寛永20年（1643）刊行の日本初の本格的な料理書である『料理物語』によると「鰹（削節《けずり》）一升《しょう》に梅干十五（か）二十入れ、古酒二升、水ちと、たまり入れ、一升に煎じ漉《こ》し、冷やしてよし」とされています。うまみ成分の豊富な鰹節と、料理にコクを増す日本酒、そこに梅干しの塩分が加わるとなれば、きっとおいしかったことが想像できます。

さらに、当時、煎酒はお店などで売られていたわけではなく、自分で作るものだったため、味の調節は自由自在でした。鰹節や梅干しを減らしたり、増やしたり。また、幕末期にはみりんを、明治期には砂糖を加えるなど、作り手の好みはもちろん、各時代の好まれる味に合わせて、煎酒の製法も変わっていったといいます。

用途も実に多彩。醤油の代わりとして刺身につけたほか、和えもの、蒸しもの、かけ汁など、江戸時代の料理本のレシピにも、塩や酢と同じ扱いで登場しています。考案されたのは室町時代ともいわれ、それ以降、親しまれ続けた調味料だったのです。

醤油の発達に押されて遠のいた煎酒の存在

江戸中期までごく一般的に使われていた煎酒ですが、江戸後期以降、徐々に姿を消していきました。それは醤油が普及したからです。

煎酒は、前述のとおり自分で作らなくてはならず、日持ちもしないものでした。つまり、使うたびに手間がかかります。一方、醤油は江戸中期以降、関東近郊での生産が進み、江戸でも安く入手できるようになりました。そこで選ばれたのが醤油だったわけです。

より手軽で便利なものを求めた江戸っ子たちに、ある種、親近感もわきますが、明治・大正と時代が進むにつれ、かつて日本人が愛した煎酒はどんどん廃れてしまいました。

おいしくて、からだにいい！今、注目度アップの煎酒

現代ではなかなかお目にかかれなくなっていた煎酒が、実は今、再び注目されています。

その理由は、まず、からだによいこと。材料となる鰹節とお酒は発酵食品、梅干しにはクエン酸が豊富です。さらに塩分は一般的な醤油に比べても控えめで、つい塩分を取り過ぎてしまいがちな現代人には強い味方です。

さらなる理由はその味わい。鰹節の豊かなうまみに梅干しのさっぱりとした風味が加わり、どんな料理に使っても、食材の味を引き立ててくれます。素材の持ち味が見直されている現代にぴったりなのです。

江戸っ子にならって刺身をつけるなどはもちろんですが、サラダのドレッシングやローストビーフなど肉料理のソースにも。煎酒そのものの味は控えめなだけに、昔ながらの食材・料理以外にも応用範囲は広がります。

煎酒を扱っているところもあるので、ぜひ試してみてはいかがでしょう。

玉子かけごはん

あつあつのごはんに、割りほぐした生卵を混ぜ、煎酒を加える。お好みでのりやわさびを添える

トマトの煎酒かけ

一口大に切ったトマトに煎酒をかけるだけ。玉ねぎのみじん切りや鰹節をトッピングしても

ローストビーフ

煎酒をそのままソースとして利用。わさびや、西洋わさび（ホースラディッシュ）も合う

煎酒
ソースに

白《しろ》身《み》魚《ざかな》とホタテのカルパッチョ

新感覚！ いつものカルパッチョがやさしくて上品な和テイストに！

ホタテや白身魚は濃い味つけだと、どうしても調味料の味になってしまいがち。その点、だしの風味豊かな煎酒なら、シーフードの味わいを品よく引き立ててくれます。高たんぱくで低脂肪、消化のよい白身魚で、疲れたからだを労わって。ホタテには、ビタミンB1やタウリンが含まれ、疲労回復や血液サラサラ効果も期待できます。

クレソンはお好みで。イタリアンパセリなどでもOK！

【材料】（2人分）

- 白身魚（鯛、スズキなど）……半身
- ホタテ貝柱……4〜5個
- クコの実……少々
- クレソン……少々
- 煎酒……適量
- オリーブオイル（エキストラバージン）……適量
- 黒胡椒……適量

【作り方】

❶ 白身魚とホタテを薄切りにして、円状に皿に盛りつける。
❷ 煎酒、オリーブ油を等量で合わせ、❶にスプーンで回しかける。
❸ 黒胡椒を軽くふりかけ、クレソン、クコの実を飾る。

❷のソースには、お好みでレモン汁を少々かけてみるのもおすすめ。

煎酒
ドレッシングに

豚しゃぶサラダ

煎酒をドレッシング代わりにした新サラダ感覚の豚しゃぶ

豚しゃぶといえば、ぽん酢かゴマたれが定番ですが、ドレッシング代わりに煎酒とあえるだけで、まったく違った味わいが楽しめるレシピ。煎酒のだしとほのかな梅の香りが、大葉、みょうが、ねぎといった香草野菜と絶妙な相性です。ビタミンB1が豊富な豚肉と、野菜の食物繊維をたっぷりいただき、パワーチャージと腸内環境を整えられるので、一石二鳥!

【材料】（2人分）

煎酒……………………適量
しゃぶしゃぶ用豚肉……160g
フリルレタス…………適量
水菜……………………適量
みょうが………………適量
大葉……………………適量
万能ネギ………………適量
酒……………………大さじ1

【作り方】

❶ 豚肉は酒を加えた湯でさっとゆで、氷水に取って冷やす。
❷ 水菜は4~5センチの長さに切り、大葉とみょうがは千切り、万能ネギは小口切りにする。
❸ 器にフリルレタスを敷き、水菜、豚肉、大葉、みょうがの順にのせ、万能ネギをちらし、煎酒をかけていただく。

煎酒
かけ汁に

煎酒の塩味とごま油のコクがキャベツに染み込んで激うま！

キャベツの熱々オイルがけ

おかず

キャベツはさまざまな料理に活躍する万能野菜ですが、単品でおいしくいただける一品がこれ。歯ごたえを感じられる程度にゆでたキャベツに、熱々のごま油と煎酒が染み込んで、無限に食べられるおいしさです。キャベツのしぼり汁から発見された、「キャベジン」の別名でも知られる栄養素は、胃腸を整える働きのあるビタミンUなので食べすぎても安心!?

【材料】（2人分）

キャベツ……5〜6枚
ねぎ……1／2本
生姜……1／2片
ごま油……少々
煎酒……適量

【作り方】

❶キャベツを固ゆでにして水気を取り、重ね合わせ適当な大きさに切り、皿に盛る。
❷ねぎは白髪ねぎ、生姜は千切りにして❶の上に散らす。
❸ごま油を熱して、❷に回しかける。その上から煎酒を適量かける。

煎酒
炒め物に

ホタテとアスパラの煎酒炒め

煎酒を隠し味にした料理自慢できる贅沢な一品

煎酒をホタテの隠し味として使うことで、いつものバター炒めが上品な風味にまとまる不思議な料理です。何が違うのか、ひと口食べただけではわからないけれど確実においしい……！　そんな楽しさがあり、食卓も盛り上がります。アスパラガスは栄養豊富な緑黄色野菜。ゆでると流れ出てしまう栄養素を、炒めもので余さずいただけるのもうれしい限り。

【材料】（2人分）

ホタテ貝柱……3～4個
アスパラガス……3～4本
バター……10g
煎酒……大さじ2
醤油……小さじ1
こしょう……適量
油……小さじ1

【作り方】

❶ ホタテは横半分にスライスしてこしょうをまぶし、煎酒に漬けておく。
❷ アスパラガスは帆立と同じくらいの長さに斜め切りにする。
❸ フライパンに油とバターを入れアスパラガスを炒め、軽く火が通ったら❶を入れて表面を焼く。
❹ 醤油を回し入れて味をなじませて完成。

おかず

煎酒
下味に・かけ汁に

じゃこ入り和風パスタ

煎酒を2段階で使う技あり！　具を乗せるだけの簡単パスタ

ポイントは2回にわけて煎酒を使うこと。ゆでた熱々の麺に下味をつけてから、仕上げとして料理全体に回しかけることで、風味豊かに仕上がります。メインの具のちりめんじゃこは、天日干しすることで生のしらすより栄養が凝縮。精神を安定させてくれるカルシウムなどのミネラルがたっぷりなので、心が疲れたと感じた時にもおすすめです。

【材料】（2人分）

パスタ（1・7ミリ）……160g
ちりめんじゃこ……大さじ2程度
大根おろし……大さじ2
大葉……適宜
オリーブオイル……小さじ2
煎酒……小さじ6

【作り方】

❶ちりめんじゃこは乾煎りしておく。パスタはゆであがったら、熱いうちにオリーブオイル、煎酒（小さじ2杯分のみ）をからめる。

❷❶を皿に盛り、ちりめんじゃこ、大根おろしを乗せ、煎酒（小さじ4）を回しかけ、きざんだ大葉をちらす。

煎酒
漬けタレに

ぶりの黄金和え丼

煎酒に卵の黄身のコクをプラス　まろやかな味わいの漬け丼

お刺身の漬けは醤油を使うのが一般的ですが、代わりに煎酒を使用。漬けタレに卵黄を加えることで、コクがありつつ、お刺身の持ち味を活かした漬けができあがります。だしの風味たっぷりの煎酒も、生卵も、ごはんとの相性はバツグン。おいしいこと間違いなしのレシピです。

【材料】（2人分）
ごはん……2人分
ぶりの切り身(刺身用)…10枚程度
卵黄……2個分
煎酒……適量
もみのり・白いりごま・わさび……適量

魚はお好みのものでもOK！

【作り方】
❶ 卵黄に煎酒を加えて、よく混ぜる。
❷ ❶にぶりの切り身を入れ、からめて5～6分置く。
❸ 熱々のごはんを器に盛り、上にもみのりをまぶして、❷の切り身を乗せ、お好みでいりごまを振り、わさびを乗せていただく。

煎酒
だし茶漬けに

主食

煎酒だしの鶏茶漬け

煎酒だけで味がキマる！　だし茶漬けのスープに使用

一般的なだし茶漬けを作る際は、だし汁を塩や醤油で調味する手間がかかるけれど、煎酒なら熱湯に注ぐだけであっという間にスープが完成。具は、お好みのものでアレンジを楽しんで。ゆずや大葉の千切りなども合いそうです。また、さらに応用して、ごはんなしの具だくさんスープにもいかが？

【材料】（2人分）
- ごはん……2人分
- 鶏ささ身（筋なし）……1〜2本
- 酒……大さじ1
- 塩……少々
- 焼きのり……適量
- わさび……適量
- 三つ葉……適量
- 白ごま……少々
- 熱湯……適量
- 煎酒……適量

【作り方】

❶ 鶏ささ身は酒と塩をまぶし、ラップをかけてレンジで1〜1分30秒程加熱し、そのまま冷ましたら手で細かく裂いておく。焼きのりは手でちぎり、三つ葉はざく切りにする。

❷ 茶碗にごはんをよそい、鶏のささ身、焼きのり、三つ葉など好みの具を彩りよく乗せ、熱い湯をかけ最後に煎酒を加える。

こうしてよみがえった!

江戸の万能調味料・煎酒《いりざけ》誕生秘話

かけてよし、つけてよし、炒めてよし。
これまで紹介した7つのレシピのとおり、現代の食卓でも大活躍の煎酒。
江戸の味を今に伝える、この貴重な万能調味料を扱う銀座三河屋《みかわや》の店主、
神谷《かみや》 修《おさむ》さんに聞きました。

ごはんがおいしい江戸の味、からだにやさしい味にこだわる銀座三河屋。煎酒以外にも即席味噌汁やお茶漬けの素、麺つゆなど、手軽に使える品々をラインナップしている

銀座三河屋の煎酒は、実は江戸時代の料理本で紹介されている製法とは少し違うところがあるといいます。

「当時の文献によると鰹節・梅干し・酒を煮詰めたものですが、弊社の煎酒には、梅干しの代わりに質の高い紀州南高梅《なんこうばい》のフルーティな梅酢を使用しています。梅干しは、煮る工程でどうしても浮遊物が出るんです。透明感のある調味料にしたかったので、あえて当時の材料とは変えて作りました」

江戸料理研究の第一人者・福田浩氏監修のもと、この1点以外は江戸の伝統の味にこだわったそう。鰹節のうまみが効いているので、塩分量は少なめですが、物足りなさを感じることのない上品な仕上がりです。

「醤油の代わりとして、まずは醤油と同量くらい加えて味を確認しながら、お好みで調整してみてください。パスタやカルパッチョにも合うので、若い方も取り入れやすいのではないでしょうか。私のお気に入りは玉子かけごはん。ぜひ試してみてくださいね」

銀座三河屋店主の神谷さん。元禄時代（1688〜1704）創業から、業種を変えながら続くのれんを守り続けている

銀座三河屋
煎酒

300ml	864円（税込）
600ml	1,404円（税込）

「煎酒」動画（約2分）
ご覧になれます

QRコード

又は

「煎酒物語」 検索

［DATA］銀座三河屋
●電話 03-3571-0136 ●住所 東京都中央区銀座8-8-18 ●HP https://www.ginza-mikawaya.jp/（お取り寄せも可能）

大衆がグルメ文化を楽しみ始めた証！

高級料理から家庭のおかずまで
美食！　珍味満載！

お江戸レシピ本

庶民が生きるためだけでなく、食を楽しみだした江戸時代。料理本も数々出版されました。この本でも取り上げたレシピを記載した本を中心に、当時の料理本について紹介します。

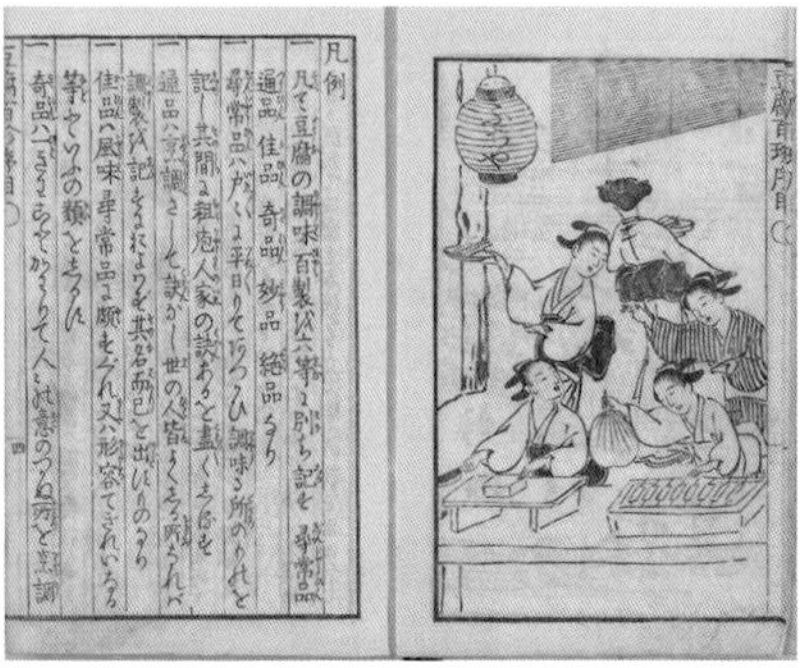

江戸時代には豆腐田楽を扱う茶屋も多かった。『豆腐百珍』の口絵には、中でも有名だった「ふちや」が描かれている

『豆腐百珍』（右）と、その翌年に発行された『豆腐百珍続編』（左）

料理書の歴史を塗り替えた画期的な2冊の料理本

江戸時代には、発行時期が比較的明確なものだけでも、食に関する180冊以上が刊行され、その内容もバラエティに富んでいました。その中でも現代のように誰でも楽しめるレシピ集になるまでには、画期的な本がありました。

1冊目は、最初の料理本とされている、寛永20年（1643）発行の『料理物語』です。

それ以前に記された食文化に関する書物は、貴族や武家などの精進料理や饗応《きょうおう》料理などを手掛けた料理人たちの手によるもの。内容は、四条流《しじょうりゅう》、大草流《おおくさりゅう》といった包丁流派ごとに、儀式の食のしきたりなどを記した秘伝の専門書で、一般大衆の目に触れるものではありませんでした。『料理物語』が画期的と評されるのは、食のしきたりなどではなく、料理を作るうえでの実用書だったこと。流派にこだわらず、それまで秘伝とされてきた料理

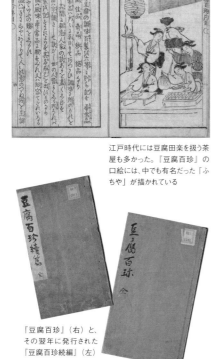

『豆腐百珍』の「佳品」小竹葉《おささ》とうふ

右は、実際の『豆腐百珍』でこの品を紹介しているページ。作り方はわずか2行で、「焼たての豆腐を、つかみくづし、醤油の和調《あんばい》し、鶏卵《たまご》著《とぢ》にして、すり秦椒《さんしょう》ふる」とある

本誌50ページで紹介

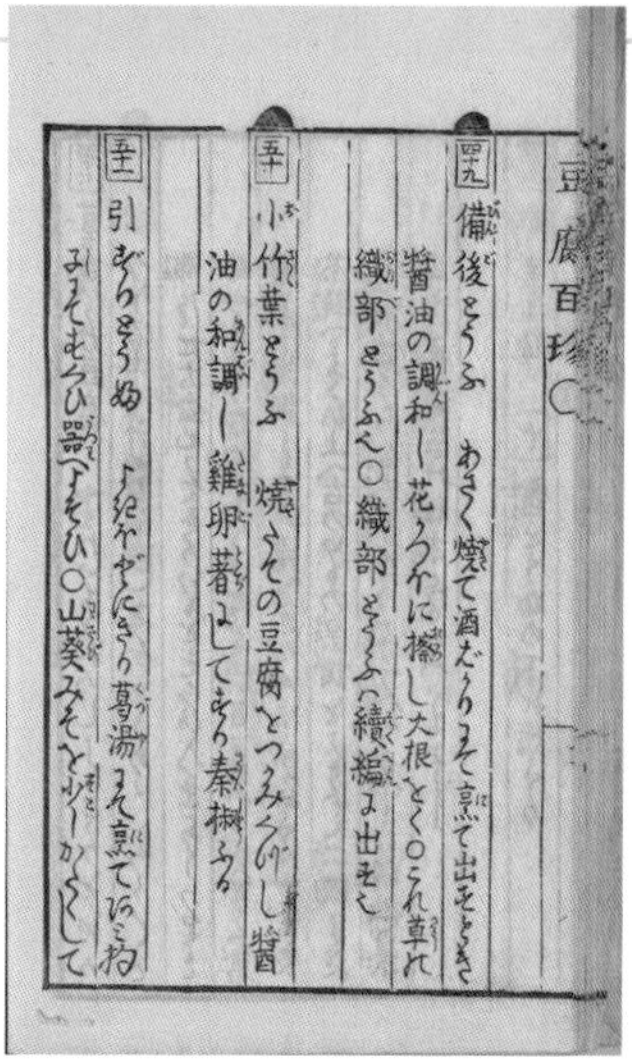

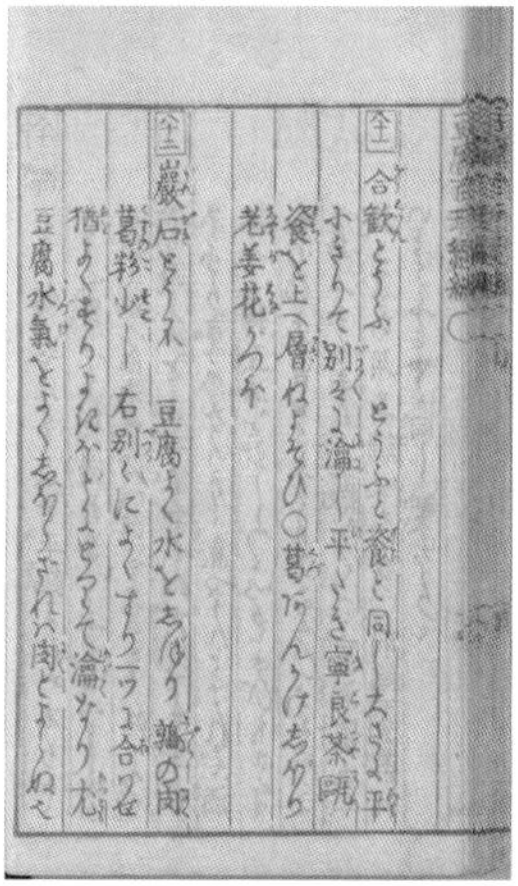

『豆腐百珍続編』の「妙品」合歓《ごうかん》とうふ

こちらも作り方は至ってシンプル。記載は、「とうふと餈《もち》と同じ大《おお》さに、平《ひら》にきりて、別々に瀹《ゆに》し、平たき寧良茶甌《ならちゃわん》餈《もち》を上へ層《かさ》ねよそひ、○葛あんかけ・しぼり老姜《しょうが》、花がつほ。」とある

本誌90ページで紹介

を食材別に掲載したものでした。とはいえ、載っているのは料理の方法ではなく調理例のみで、江戸前期の料理書はある程度料理の知識のある人を対象にしたものが中心でした。

庶民の長屋で食の楽しみを支えた『豆腐百珍《ひゃくちん》』

料理本にとって画期的だったとされる2冊目は、天明2年（1782）発行の大衆向けの料理本『豆腐百珍』。その名のとおり、豆腐を使った100品の作り方を紹介しています。

豆腐はもともと僧侶の精進料理の食材でしたが、江戸時代には天秤棒をかついだ棒手振《ぼてふ》りが売り歩く、庶民にも広く親しまれたものでした。さらに、識字率も高かった当時、今でいう小説なども数多く出版され、貸本屋などで庶民も気軽に本を読むことができました。こうした背景から、『豆腐百珍』はたちまち大ブームとなりました。

特徴的なのは、「料理人の秘伝といっ

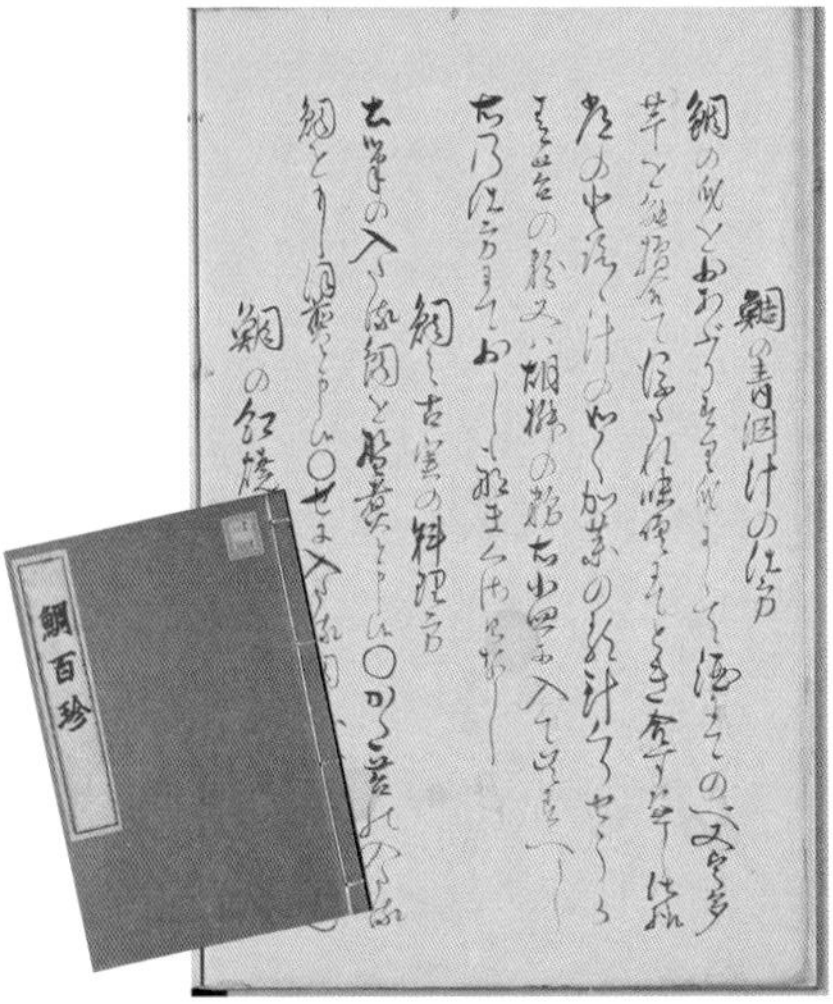

『鯛《たい》百《ひゃく》珍《ちん》料《りょう》理《り》秘《ひ》密《みつ》箱《ばこ》』
鯛の青淵汁《とろろじる》

作り方は、「右鯛の身を少しあぶり。すり身にして。酒にてのべ。又宇多芋《うだいも》を。よくすり合わせて。後たれ味噌にとき合《あわ》すべし。仕様常《しようつね》のとろゝ汁のごとし。かやくのるい針栗《はりくり》。生姜。青《あお》苔《のり》の粉《こ》。又はこせうのこ。右小皿に入《いれ》て出すべし。右之仕《し》方《かた》にて。少《すこし》も生《なま》ぐさけなし。」

本誌14ページで紹介

『豆腐百珍』ブームに乗った百珍物

左は、寛政元年（1789）刊行の『甘藷《いも》百珍』で、口絵に琉球の蒸し芋屋が描かれている。右の『蒟蒻《こんにゃく》百珍』の発行は弘化《こうか》3年（1846）。『豆腐百珍』の60年以上後で、「百珍物」がいかに人気だったかがわかる

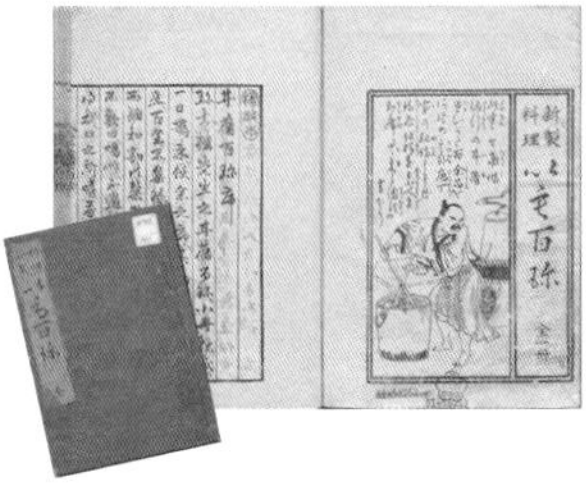

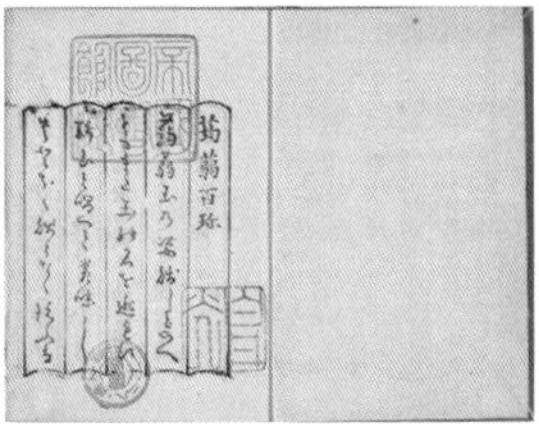

たものがあればすべて書き記した」とされている「尋常品《じんじょうひん》」、見た目の形のきれいな「佳品《かひん》」、意表をついた「奇品《きひん》」、形・味ともに備わった「妙品《みょうひん》」など、レシピをランク付けしているところ。中には「尋常品」「奇品」とされた「ヒリャウヅ・方ヒレウズ」（本誌88ページで紹介）のような少し手の込んだものもある一方、ごくシンプルなレシピも多く、長屋のおかみさんが「これならできる」と、思えるものもあったことでしょう。

　この『豆腐百珍』は続編や余禄《よろく》などの出版が相次ぎ、さらには大根・芋・こんにゃくと、食材を変えた同じ手法の料理本も続々登場。「百珍物」というジャンルを生み出したほどでした。

　その後も料理本は急増し、庶民文化の盛んだった文化文政期（1804〜1830）には、名店として名を馳せた料亭・八百善《やおぜん》の『料理通《りょうりつう》』が発行されるなど、料理本にとっても華やかな時代を迎えました。

江戸っ子の食卓を今に伝える料理本

当時の料理本の集大成

『江戸料理百選』

料理編では、豆腐・飯・卵・鯛の４つの部門別に、数ある江戸時代の料理本の中から選りすぐりの品を紹介。当時の料理本を忠実に解釈し、現代でも応用できるよう工夫しながら再現した料理写真とともに、材料や作り方を紹介しています。さらに、食生活や食材、調味料のコラムも充実しています。

また、解説編では江戸の料理屋や当時の料理本の紹介などを、生活文化や日本近世文学などの研究者が寄稿。資料編として、鰹節など材料の選び方や扱い方、発芽米や寿司飯、おかゆまで丁寧に解説。

料理写真界の第一人者が撮影した再現料理写真を眺めるだけでも楽しむことができる1冊です。

稀少な美濃和紙の装丁も美しい『江戸料理百選』（福田浩・島崎とみ子著、2001 年社）。問合先：FAX04-2950-1022/family2001@mac.com

Publisher	松下大介
Editor in chief	笹岡政宏
Supervisor	福田 浩
Editor	井原凜大 エディキューブ／ 有澤真理／森井聡美
Design studio	アイル企画（I'll Products）
Photographer	佐伯義勝 （料理写真（下記を除く）） 難波純子 （P 22・38・40 料理写真、 P 96 ～ 98 福田宏氏）
Illustrator	あわい
Editorial cooperation	銀座・三河屋 江戸前 芝浜

Original work
『江戸料理百選』 福田浩・島崎とみ子（栄養科学研究所）著
2001年社
References
『豆腐百珍』福田浩・杉本伸子・松藤彰平著　新潮社
『江戸料理をつくる』福田浩著　小沢忠恭撮影　教育社
『Meshi 飯』福田浩著　ピエ・ブックス
『大江戸料理帖』福田宏・松藤庄平著　新潮社
『日本の食文化史年表』江原絢子・東四柳祥子編集
吉川弘文館
『錦絵が語る江戸の食』松下幸子著　遊子館
『完全版　江戸の食と暮らし』洋泉社
『江戸の料理と食生活』原田信男編集　小学館
『浮世絵に見る江戸の食卓』林 綾野著　美術出版社
『東京人』no.207・no209・no235　都市出版
『彩色江戸物売図会』三谷一馬著　中央公論社
順不同

刀剣画報 BOOKS011
心とからだが癒される江戸のスローフード
お江戸ごはんの献立帖

※本誌の一部は『江戸料理百選』（2001年社）を借用し、再編集・再構成していています。

2021年9月30日　初版発行

編集人	笹岡政宏
発行人	松下大介
発行所	株式会社 ホビージャパン 〒151-0053　東京都渋谷区代々木 2-15-8
電話	03(6734)6340（編集） 03(5304)9112（営業）
印刷所	大日本印刷株式会社

Printed in Japan
ISBN978-4-7986-2617-8　C0076